EMPOWERMENT
CHE COSA VUOL DIRE?

I quaderni dell'empowerment

di Adele Bianchi, Parisio Di Giovanni
Eugenio Di Giovanni

really new minds

Titolo: Empowerment. Che cosa vuol dire?

Autori: Adele Bianchi, Parisio Di Giovanni, Eugenio Di Giovanni

Copertina: Adele Bianchi

ISBN-13: 978-1523609390

ISBN-10: 1523609397

— **Really New Minds** —————————————

Really New Minds è uno spin-off universitario. Prende le mosse dalla ricerca sulle nuove esigenze formative e organizzative legate alle sfide che i cambiamenti del mondo di oggi portano con sé. Sulla base di queste ricerche mira a sviluppare applicazioni di vario tipo e in vari campi, dall'uso dei media e delle nuove tecnologie alla gestione aziendale, all'istruzione, alla formazione degli adulti, alla sanità.

Prefazione

"Empowerment" è un buzzword, una parola d'ordine che si sente ripetere spesso, anche se non sempre chi la pronuncia e chi l'ascolta ne hanno chiaro il senso. In realtà comprendere che cos'è effettivamente l'empowerment non è facile.

Senz'altro è d'aiuto riprendere le riflessioni degli autori che hanno cercato di precisare il concetto. Lo è pure ripercorrere la storia dell'idea, così come è andata affermandosi nella seconda metà del Novecento, dalle pedagogie alternative, alla psicologia di comunità, al femminismo, al dibattito sullo sviluppo, per approdare alla medicina.

L'idea di empowerment però ci mette a dura prova, specie perché richiede di rivedere certe convinzioni comuni che ci portiamo dietro. Tanto per cominciare dobbiamo ripensare il potere. Fare empowerment è dare potere, ma il potere contrasta l'empowerment. Siamo di fronte a un paradosso, che si risolve solo quando afferriamo che c'è potere e potere e che quello che solitamente consideriamo il potere non è che un tipo di potere.

Studi di psicologia sulla leadership e sulla persuasione ci aiutano a capire l'empowerment. Sono però anche studi che ci fanno riflettere, dato che ci presentano forme di leadership e di persuasione che il senso comune non è abituato a considerare.

L'empowerment è una sfida non solo a livello concettuale, ma anche in pratica, quando ci impegnamo di fatto in programmi di empowerment. C'è molto lavoro da fare, occorre sfoderare abilità particolari e conciliare cose che facciamo fatica a conciliare. Tuttavia è una sfida da raccogliere, anche perché il mondo di oggi lo esige. Oltre al problema delle disuguaglianze sociali siamo di fronte ad altri problemi, che ci riguardano tutti, come quello della cognizione distribuita, della sicurezza o del paradosso dei life skills. L'empowerment è una risorsa essenziale per affrontare questi problemi.

gli Autori

Indice

Una definizione per cominciare a orientarsi

Di empowerment si parla comunemente in vari ambiti, dalla sanità all'educazione, alla gestione aziendale, alla politica, all'economia, a problemi sociali quali le disuguaglianze mondiali nelle condizioni di vita, la povertà, le disparità, le discriminazioni e l'esclusione. Non sempre però si ha chiaro di che cosa si sta parlando. In genere il termine viene accolto con favore, tende a suscitare approvazione o entusiasmo, anche se non ci si interroga più di tanto sul suo significato. Nanette Page e Cheryl Czuba [1], impegnate in *UConn Extension*, programma di empowerment in ambito agricolo dell'Università del Connecticut, dicono che "empowerment" è un *buzzword*, una parola di moda, pronunciata per essere ben accolti e "assicurarsi che vecchi programmi ottengano nuovi finanziamenti".

Una certa vaghezza si riscontra anche nella tradizione scientifica. Di empowerment si occupano varie discipline, specie di scienze sociali, dalla psicologia alla sociologia, alla pedagogia, all'economia. Passando in rassegna la letteratura capita di trovare definizioni diverse o accade che gli autori entrino subito nel merito delle questioni dando per scontato il concetto di empowerment.

In effetti è difficile definire l'empowerment. Come nota Julian Rappaport [2], psicologo di comunità dell'Università dell'Illinois, tra i primi a lavorare attorno al concetto, è più facile definire l'assenza di empowerment, dire perché in un dato contesto ce ne sarebbe bisogno, che precisare che cosa vuol dire fare empowerment. Ad esempio, nella sanità è immediato cogliere che molte persone sono deboli di fronte ai problemi di salute, perché non hanno sufficienti risorse economiche, difettano di una preparazione adeguata, di supporto sociale o di conoscenze e abilità per accedere ai servizi e beneficiarne al meglio, restando protagonisti delle proprie cure mentre si avvalgono dell'opera di specialisti. Ben più impegnativo però è dire che cos'è l'empowerment di queste persone, chiarire per quali vie possiamo cercare di renderle più forti nell'affrontare i loro problemi di salute.

La difficoltà sta soprattutto nel fatto che l'empowerment è qualcosa di complesso, in cui entrano in gioco fattori individuali e socio-culturali, e che si configura diversamente caso per caso. Come nota Darlyne Bailey in un articolo in cui analizza la metodologia di un intervento di empowerment di comunità, la precisa definizione di un'attività di empowerment varia di volta in volta a seconda del progetto che portiamo avanti [3]. Perciò Marc Zimmermann, studioso dei problemi dell'adolescenza che ha contribuito alla teoria dell'empowerment, sostiene che una sola precisa definizione può essere fuorviante, se presa alla lettera, come vincolante, prescrittiva [4].

Fermo restando che occorre prenderla con elasticità, è comunque utile disporre di una definizione di massima, orientativa, per cominciare a capire di che cosa parliamo. Possiamo costruirla pescando nei tentativi della letteratura. Rappaport definisce l'empowerment come "un processo attraverso il quale persone, organizzazioni e comunità acquistano padronanza sulle loro faccende" [5].

La meta è essere più padroni, più capaci di gestire le cose che ci riguardano. Ma come ci si arriva? Esplicita il come la definizione di Barbara Israel e altri, che parlano di empowerment come di "capacità delle persone di arrivare a comprendere e controllare forze personali, sociali, economiche e politiche al fine di fare azioni che migliorino le loro condizioni di vita" [6]. Per acquistare maggiore padronanza dobbiamo riuscire a decifrare noi stessi e il mondo che ci circonda, in modo da individuare dentro di noi e intorno a noi leve (forze personali, sociali, economiche, politiche) che ci consentano di incidere effettivamente sulla realtà e che siano alla nostra portata. Dobbiamo poi servirci di queste leve per migliorare.

Che per acquisire padronanza occorre capire e controllare le forze in gioco è di immediata comprensione nel caso delle persone, ma il principio si può estendere anche a organizzazioni, piccoli gruppi e comunità. Anche questi soggetti per rafforzarsi e migliorare devono autoesaminarsi e guardarsi intorno e riuscire a cogliere come possono mobilitarsi e intervenire. In ogni caso l'empowerment è frutto di un gioco interattivo: dipende sia dal soggetto interessato (l'individuo, l'organizzazione, il gruppo, la comunità), sia dal mondo che lo circonda.

Qual è il fine ultimo? Dove si vuole arrivare accrescendo la padronanza di persone, organizzazioni e comunità? Nella letteratura sull'empowerment prevale l'idea che si possano conciliare finalità solitamente considerate in opposizione, quali crescita economica e sostenibilità o benessere individuale e collettivo o autonomia delle persone e dipendenza dai servizi che la società offre o ancora rafforzamento degli individui che formano la base di collettività e dei vertici che ne gestiscono le politiche [7].

Alcune precisazioni

Un fare proattivo. Come notano Israel et al. [6], l'empowerment presuppone un approccio proattivo, anziché reattivo. Puntiamo a essere il più possibile capaci di gestire le faccende che ci riguardano. Perciò non stiamo fermi ad aspettare che i problemi emergano con evidenza, ma siamo attenti a cogliere i segni che li fanno prevedere e ci sforziamo di agire in anticipo per evitarli o essere pronti ad affrontarli.

Ad esempio, l'empowerment dei pazienti in medicina interessa tutti, chi sta male e chi sta bene. Le persone che stanno bene ne trarranno giovamento perché possono tenere uno stile di vita salutare e perché nel momento in cui insorge un problema di salute sono adeguatamente preparate. Fare empowerment quando una malattia ha già colpito significa essere in ritardo. Allo stesso modo in un'organizzazione lavorativa dove si fa empowerment le disfunzioni quotidiane, anche piccole, verranno prese sul serio e assieme si lavorerà a trovare soluzioni creative e realistiche per evitarle o ridurle, prima che queste disfunzioni guastino seriamente il lavoro e i rapporti tra colleghi.

Proprio perché è proattivo, l'empowerment organizzativo è strettamente legato a modi di impostare la qualità, quali il *Total Quality Management* o il *Continuous Quality Improvement*. In entrambi si parte dall'idea che ogni giorno tutti sono impegnati a cercare di capire in cosa si può migliorare e a darsi da fare assieme per migliorare. Limitarsi a produrre, a fare le cose da fare non basta, perché lascia intatte le non qualità latenti, le disfunzioni di cui si è poco consapevoli e che nel tempo guasteranno il lavoro e la vita lavorativa.

Israel e colleghi dicono che l'approccio reattivo, il contrario del proattivo tipico dell'empowerment, deriva dal *treatment or illness model*, dal modo di fare tipico della medicina che cura le malattie. Hanno ragione nella misura in cui si riferiscono alla medicina tradizionale, che ancora resiste e si perpetua, nonostante sia evidente la necessità di cambiare paradigma. Da mezzo secolo ormai le ricerche scientifiche hanno messo in evidenza che costruire salute, creando condizioni in cui le persone possono condurre una vita sana ed essere meno vulnerabili alle malattie, è altrettanto importante che curare le malattie quando sono intervenute. L'Organizzazione Mondiale della Sanità, con la Carta di Ottawa del 1986, ha preso atto del fatto che occorre puntare sulla costruzione della salute e non limitarsi a curare le malattie. È una delle ragioni per cui l'empowerment in medicina va preso seriamente.

Un processo e un risultato. Quando parliamo di empowerment, possiamo intendere sia il cammino attraverso il quale si arriva ad acquisire padronanza sulle proprie faccende, sia il risultato, il fatto di aver raggiunto una certa padronanza. È evidente che lo sviluppo della padronanza procede per gradi. È difficile però individuare precise tappe del processo di empowerment.

Sara Longwe a proposito dell'empowerment in progetti di sviluppo del Terzo Mondo, con particolare riguardo alla condizione femminile, distingue cinque livelli che vanno dal fatto che sono soddisfatte le necessità primarie fino al controllo, in cui gli individui possono decidere e la loro autonomia è pienamente riconosciuta [8].

BENESSERE	i bisogni primari sono soddisfatti
ACCESSO	è garantita parità di accesso all'istruzione, alle terre, al credito
CONSAPEVOLEZZA E SENSIBILIZZAZIONE	c'è attenzione alla discriminazione strutturale e istituzionale
PARTECIPAZIONE E MOBILIZZAZIONE	c'è possibilità di pari presa di decisione
CONTROLLO	gli individui possono prendere decisioni e queste sono pienamente riconosciute

I cinque livelli di Longwe di empowerment della condizione femminile nel Terzo mondo

BENESSERE	disporre dei mezzi minimi necessari a vivere
ACCESSO	avere accesso a risorse economiche e di conoscenza
CONSAPEVOLEZZA E SENSIBILIZZAZIONE	prendere coscienza del fatto che ciascuno è responsabile della propria salute
PARTECIPAZIONE E MOBILIZZAZIONE	darsi da fare per migliorare i servizi sanitari e avere una parte attiva in questi, anziché concepirsi fruitori passivi
CONTROLLO	arrivare a partecipare alle decisioni sanitarie di proprio interesse e ottenere che le proprie scelte siano pienamente riconosciute

I cinque livelli di Longwe adattati all'empowerment dei pazienti in medicina

I cinque livelli di Longwe si possono trasferire ad altri ambiti, compreso l'empowerment dei pazienti, come in tabella. Va tenuto presente però che le schematizzazioni hanno dei limiti. Se da un lato è vero che certi passaggi sono preliminari ad altri, è pur vero che nei fatti i diversi livelli di empowerment si possono sviluppare anche in parallelo e influiscono l'uno sull'altro.

A volte si insiste più sull'empowerment come processo, a volte più sul risultato. Di fatto è importante tener presenti entrambi. Se ci concentriamo sul processo, ci interroghiamo su come fare per dare più padronanza alle persone o ad altri soggetti. Concentrarsi sull'empowerment come risultato consente invece di darsi obiettivi da raggiungere e di verificare e misurare quel che si ottiene.

Gli ambiti. Si fa empowerment in svariati ambiti, tanto che oggi se ne parla praticamente dappertutto. Per semplicità possiamo distinguere quattro macroaree: economica, politica, sociale e culturale. L'empowerment in medicina, come pure l'empowerment nell'educazione e l'istruzione, si possono far rientrare nell'ambito sociale. Nell'ambito economico rientrano i programmi di cooperazione e sviluppo a favore dei paesi più poveri, come gli interventi su determinate comunità produttive, ma possiamo farci rientrare anche l'empowerment aziendale, che è di moda chiamare *employee empowerment*. Si collocano nell'empowerment culturale gli sforzi di favorire il dialogo interculturale, come quelli di integrare minoranze etniche, categorie e gruppi sociali emarginati o in posizione d'inferiorità. È politico l'empowerment che mira a rendere i cittadini più consapevoli del rapporto con lo Stato e le istituzioni e a far valere i propri diritti.

Non c'è una netta separazione tra gli ambiti. Se lavoriamo, ad esempio, a un programma di empowerment sociale a sostegno di categorie emarginate, facilmente scivoleremo nell'empowerment economico o politico. Analogamente un programma di empowerment rivolto a popolazioni povere finirà per intervenire in ambito sociale, culturale o politico.

I livelli. A seconda del soggetto che si va a rafforzare, possiamo distinguere un empowerment individuale o psicologico, un empowerment di gruppo, uno organizzativo ed uno di comunità. L'empowerment individuale porta a essere più capaci di incidere sulla realtà, gestendo meglio se stessi e l'ambiente sociale circostante. Richiede perciò una combinazione di abilità e competenze, di senso di padronanza, di capacità di analizzare il contesto sociale, di ideare modi d'intervenire nella realtà e di reperire le risorse necessarie.

L'empowerment di gruppo va a rafforzare piccoli gruppi, come famiglie o team lavorativi, rendendoli più capaci di affrontare problemi interni ed esterni. L'empowerment organizzativo tende a

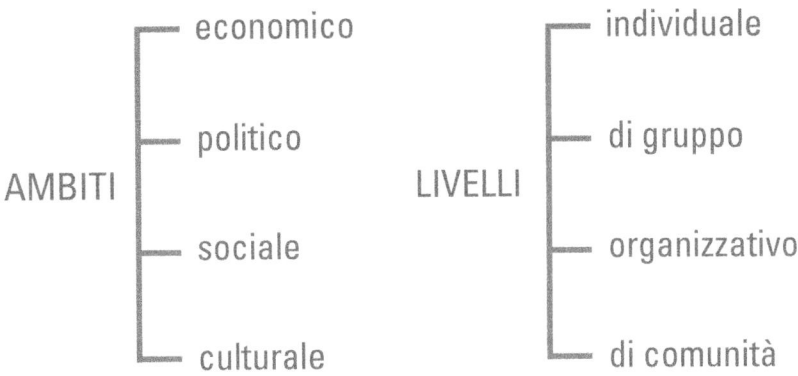

Classificazione dei programmi di empowerment
La classificazione è orientativa, dato che la separazione tra gli ambiti è sfumata e spesso i programmi sono a più livelli.

rendere le organizzazioni più capaci di gestire se stesse e i rapporti col mondo circostante, mentre l'empowerment di comunità si applica a grandi gruppi sociali, come la popolazione di un territorio o di un intero Stato.

Quando si fa empowerment in un dato ambito, solitamente si interviene a più livelli. È preferibile, perché così le azioni risultano più efficaci. Ad esempio, se in medicina implementiamo un programma di empowerment individuale, andremo a rafforzare utenti e operatori dei servizi. questi però continueranno a muoversi in piccoli gruppi (famiglie, team lavorativi), organizzazioni e collettività che non abbiamo aiutato a cambiare. Come individui potranno portare la loro carica innovativa nei contesti sociali in cui vivono, ma sicuramente incontreranno barriere, difficili da superare con le sole forze personali dei singoli.

La stretta interconnessione tra individuo e contesto sociale.
Quando facciamo empowerment, che sia empowerment di persone, gruppi, organizzazioni o intere comunità, lavoriamo sempre sia sull'individuo che sul contesto sociale che lo circonda. Come osserva Patricia Wilson, il lavoro sull'individuo è in un certo senso preliminare. Una realtà non cambia, se come prima cosa non cam-

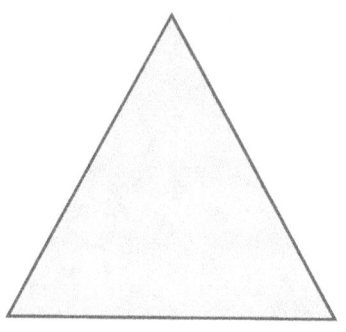

empowerment

cambiamenti individuali   cambiamenti sociali

Triangolo di Wilson
All'empowerment contribuiscono cambiamenti individuali e sociali strettamente legati tra loro.

biano le persone che ne fanno parte [9]. Al tempo stesso però gli individui da soli non possono sperare di incidere sulla realtà, anche se sono più consapevoli, più competenti e responsabili. C'è bisogno che cambi anche la collettività in cui sono inseriti e a volte anche le istituzioni di cui fanno parte o con cui hanno a che fare. L'empowerment è il risultato di una sintesi di cambiamenti individuali e sociali, come suggerisce il triangolo di Patricia Wilson.

Negli interventi organizzativi di solito si fa un lavoro preliminare di sensibilizzazione e formazione del personale. Ad esempio, se l'obiettivo è accrescere la capacità di ridurre i conflitti interni, si insisterà sul valore che questo ha e si insegnerà a gestire i conflitti, fornendo strumenti e addestrando a usarli. Questo lavoro preliminare però non porterà lontano, se non si sviluppa un movimento collettivo teso a ridurre i conflitti e se l'organizzazione non fa di questo un proprio obiettivo che persegue in modo sistematico e strutturato. Così il passo successivo di un intervento organizzativo del genere è progettare assieme specifiche strategie, che l'organizzazione riconosce e fa proprie.

Il discorso è analogo, se ci spostiamo al caso dell'empowerment in medicina. Possiamo rendere i pazienti più competenti, più consapevoli dell'importanza di essere impegnati nella costruzione della propria salute, pronti a darsi da fare. Se però incontrano l'ostacolo di un servizio sanitario tutto centrato sulle cure, che tratta i pazienti come oggetti passivi, il lavoro fatto su di loro sarà vano. Da soli, con le loro forze, non riusciranno a cambiare la realtà di una sanità in cui non c'è spazio per l'empowerment. Se vogliamo davvero fare empowerment in medicina, dobbiamo lavorare anche sugli operatori sanitari e l'organizzazione dei servizi così che l'empowerment diventi un obiettivo comune, diffusamente sentito e riconosciuto.

Alle origini dell'idea

L'idea di empowerment matura nella seconda metà del Novecento, a partire da movimenti sociali e correnti di scienze economiche e sociali, per arrivare poi anche alla medicina.

Tra i movimenti sociali ha contribuito in modo particolare quello femminista, impegnato a migliorare la condizione femminile sia nei paesi avanzati, sia in quelli meno avanzati e in via di sviluppo. L'idea di empowerment si è affacciata anche in vari movimenti a sostegno di gruppi sociali discriminati o minoranze etniche emarginate. Negli Stati Uniti alcuni movimenti per i diritti civili della popolazione di colore hanno inteso il loro impegno in termini di *racial empowerment*. A volte è stato usato un approccio simile per i popoli indigeni con società tradizionali esposti all'avanzare dello stile moderno di vita, alle pressioni dei governi e degli operatori economici interessati ai loro territori.

Le disuguaglianze mondiali, le grandi differenze nell'economia e nelle condizioni di vita tra i paesi della Terra, sono un ambito in cui i programmi di empowerment sono divenuti una modalità corrente di intervento. Nei paesi che stanno peggio al problema delle condizioni economiche e di vita peggiori di quelle di altri si aggiunge il problema delle disuguaglianze interne, delle disparità tra i cittadini che li abitano. Una delle principali disparità è quella tra aree rurali e urbane, ma anche le disuguaglianze legate al genere o etniche o regionali spesso sono accentuate. Così i programmi d'intervento non sono solo di sviluppo economico, ma spesso mirano a migliorare le condizioni di categorie o gruppi all'interno di questi paesi.

Nelle scienze economiche e sociali l'idea di empowerment ha assunto un certo peso in pedagogia ed è divenuta centrale nella psicologia di comunità. Successivamente l'idea è penetrata in medicina.

Le pedagogie alternative

Poco dopo la metà del Novecento le pedagogie alternative mettono radicalmente in discussione la scuola tradizionale, perché tesa a perpetuare se stessa e il sistema socioculturale di cui è parte, invece di preoccuparsi di rendere gli allievi autonomi e attivi, capaci di gestire la propria vita e di incidere sulla realtà che li circonda. Solitamente parlando delle origini dell'idea di empowerment si cita il pedagogista brasiliano Paulo Freire e la sua *Pedagogia degli oppressi* [10], scritta tra il 1967 e il 1968, ma sulla stessa linea in quegli anni sono Carl Rogers, Seymour Papert, Ivan Illich ed altri.

A dire il vero, in tutta la storia della pedagogia troviamo due orientamenti, uno centrato sull'istituzione scolastica, l'altro sugli allievi. Agli inizi del Novecento Thorndike e Claparède, considerati i padri fondatori della psicologia dell'educazione, hanno espresso chiaramente le due diverse visioni. Thorndike trasferisce alla didattica i risultati delle sue ricerche comportamentiste sull'apprendimento negli animali e, sebbene lo faccia con sensibilità e attenzione alle esperienze concrete di insegnamento, la sua maggiore preoccupazione è che il docente trasmetta con successo i contenuti stabiliti dal programma e riesca a modellare i comportamenti degli allievi. Per Claparède invece lo scopo è potenziare negli allievi la capacità di sfruttare la propria mente nel rapporto con la realtà, così da adattarsi all'ambiente e vivere nelle migliori condizioni possibili a questo mondo. Le pedagogie alternative della seconda metà del Novecento spostano decisamente la bilancia verso una didattica centrata sugli allievi, fino al punto di considerare la scuola un ostacolo all'educazione.

La didattica tradizionale è vista come un processo direttivo, verticale e unidirezionale. C'è un sapere dato, un preciso insieme di contenuti che la scuola ha deciso di fornire per proprie esigenze istituzionali, a prescindere dalla situazione, dagli allievi e dal contesto in cui vivono. I docenti hanno il compito di trasferire i contenuti stabiliti e perciò tendono a preferire la comunicazione unilaterale tipica della lezione cattedratica. Freire dice che sono dei narratori. Per riuscire nel loro scopo sono direttivi: danno prescrizioni, assegnano compiti, fanno valutazioni obbligatorie. Gli allievi sono considerati vasi da riempire. Freire parla di "educazione depositaria", nel senso che la mente dell'allievo è come un conto vuoto dove depositare i beni del sapere.

Gli esponenti delle pedagogie alternative propongono un modello di didattica più complesso e dinamico. Il sapere è una risorsa presente nel mondo, un enorme bacino di conoscenze accumulate cui docenti e allievi possono attingere. La comunicazione didattica è soprattutto dialogo, tra docente e allievi e tra allievi. Dialogando si definiscono i programmi, tenendo conto delle esigenze degli allievi, del contesto in cui si è e dei problemi che emergono. Sempre dialogando si acquisiscono conoscenze e maturano abilità e competenze. L'insegnamento è non-direttivo. Il docente è più che altro un facilitatore e una guida, ma protagonisti sono gli allievi. A sua volta il docente impara, perché scopre il mondo degli allievi e della relazione pedagogica, riflette sulla realtà assieme agli allievi e può trovarsi ad avventurarsi in ambiti di sapere non esplorati prima. La didattica è un crescere assieme, un'esperienza in cui tutti sono in parte docenti e discenti: Freire parlava di "dodiscenza". L'obiettivo, il risultato da raggiungere con questo la-

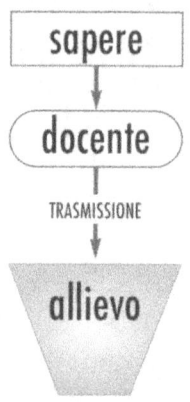
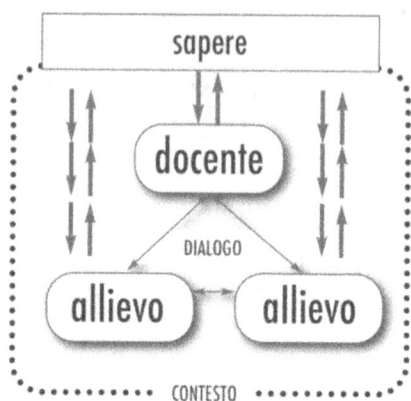

Modello didattico tradizionale e delle pedagogie alternative

Nel modello tradizionale il docente trasmette un sapere predefinito a un allievo pensato come secchio da riempire. Le pedagogie alternative propongono un modello basato sul dialogo, in cui si tiene conto del contesto, delle esigenze delle persone e s'interroga il sapere per avere le risposte che interessano. La didattica tradizionale assoggetta l'allievo, lo rende passivo e debole. L'altra invece gli concede libertà, lo attiva e lo rende forte.

voro, è che gli allievi diventino più capaci di comprendere e gestire se stessi, la loro vita e la realtà in cui sono. Siamo così all'idea di empowerment.

Paulo Freire, occupandosi di educazione nel Nord-Est del Brasile fece concreta esperienza della realtà di milioni di analfabeti, che vivevano in condizioni disumane di povertà e privazione di libertà, passivamente e senza consapevolezza della situazione. Si rese conto che l'istruzione non poteva consistere semplicemente nell'insegnare a leggere, scrivere e far di conto o in qualche forma d'indottrinamento dall'alto. Bisognava dialogare con quelle persone e assieme problematizzare la realtà. Freire parla di "coscientizzazione" per indicare il risultato pedagogico da raggiungere. Dialogando gli oppressi dovevano arrivare ad abbandonare la visione ingenua della realtà, divenire critici, rendersi conto che le condizioni disumane in cui versavano, lungi dall'essere ovvie e naturali, erano ingiuste e da superare e cominciare a ideare modi per realizzare un mondo più umano. Per Freire non si trattava di rovesciare banalmente i rapporti di forze e far passare gli oppressi dalla parte degli oppressori, ma di riuscire a creare un mondo più umano per tutti.

Il programma di empowerment di Freire nel Nord-Est del Brasile, che prevedeva la creazione di circa 20.000 "circoli di cultura", non venne implementato, perché nel 1964 arrivò il colpo di Stato militare. Successivamente Freire ebbe modo di seguire la campagna di alfabetizzazione in Guinea Bissau, con condizioni politiche più favorevoli e in un contesto diverso da quello del Nord-Est del Brasile [11]. Del resto Freire pensava che il suo metodo si applicasse a qualsiasi situazione di analfabetismo e debolezza. *La pedagogia degli oppressi* è dedicata "agli straccioni del mondo e a coloro che in essi si riconoscono e così riconoscendosi con loro soffrono ma soprattutto con loro lottano".

Carl Rogers, psicologo e psicoterapeuta statunitense, ha trasferito ai problemi educativi sue idee di psicologia della personalità e il suo metodo della *client-centered therapy*, la psicoterapia centrata sul cliente. Lo ha fatto anche sulla base della sua esperienza di docente universitario e ha riassunto la sua teoria dell'educazione in *Freedom to learn* del 1969 [12].

Rogers pensa che l'educazione abbia per scopo l'adeguamento alla vita (*life adjustement*). L'obiettivo è formare per la vita. Perciò occorre impegnarsi sugli interessi reali degli allievi e fornire capacità permanenti di rapportarsi al mondo.

A scuola bisognerebbe dedicarsi all'apprendimento significativo, cioè a insegnare le cose che contano per gli allievi, che si integrano nel loro progetto di vita e di fatto incidono sulla loro vita, cose che gli allievi stessi giudicano importanti e investono di carica motivazionale e affettiva. Di solito invece ciò che si insegna "coinvolge l'individuo esclusivamente *dal collo in su*". Ad esempio, quel che un allievo ha imparato di una lingua straniera lo coinvolge dal collo in su, se se ne serve solo per prendere voti a scuola. Diviene un apprendimento significativo invece, quando l'allievo ne fa uso all'estero o conversando con altri di quella lingua o per leggere testi in quella lingua.

Rogers pensa sia particolarmente importante insegnare per la vita nel mondo che si profila. L'istituzione scolastica - dice Rogers - si trova "a dover fronteggiare sfide incredibili, senza confronto con quelle da essa sostenute nella sua pur lunga storia passata". Siccome la società è in continuo cambiamento, non c'è stabilità culturale, mancano forti ideologie e credenze di riferimento e ci sono gravi problemi di convivenza tra gruppi sociali e individui, la scuola non può più limitarsi a fare tradizione, a trasmettere semplicemente il sapere costituito. È urgente che si dedichi a formare davvero i ragazzi alla vita. Se non lo fa, rischia anche di perdere ascendente sulle nuove generazioni, che già danno segni di rivolta verso le istituzioni (siamo intorno al '68, gli anni della protesta studentesca).

Secondo Rogers l'istituzione scolastica per sua natura non è in grado di favorire l'insegnamento per la vita. Al contrario, per com'è strutturata, tende piuttosto a impedire l'apprendimento significativo. Bisogna puntare perciò sul lavoro dei docenti e sulla loro formazione. La scuola va presa come un contenitore, uno spazio dove docenti sensibili e preparati possono avviare forme d'insegnamento davvero utili per gli studenti. I docenti devono fare i facilitatori: stimolare gli allievi, curare i rapporti interpersonali in classe, badare a ciò che sta a cuore agli alunni e mediare tra i loro problemi e la tradizione, offrire mezzi didattici, supportare, aiutare a superare la crisi di doversi ristrutturare per crescere e organizzare le attività.

Negli anni in cui Rogers scrive la scuola statunitense era in crisi. Molti pensavano che il fallimento fosse dovuto al fatto che si era lasciato troppo spazio agli allievi e che bisognava ripristinare un insegnamento più direttivo. Secondo Rogers invece gli allievi non erano stati effettivamente coinvolti nell'avventura dell'istruzione e dell'educazione, erano stati lasciati nel vuoto in un sistema permissivo.

Seymour Papert [13, 14], matematico, psicologo e informatico sudafricano, è noto per aver ideato il linguaggio LOGO, grazie al quale i bambini possono programmare il loro apprendimento al computer, orientandolo in base a proprie scelte e obiettivi. L'istruzione programmata, basata su macchine per insegnare, c'era già dagli anni Venti ed era stata poi lanciata da Skinner, esponente di spicco del comportamentismo. L'allievo rispondeva a domande e la macchina per insegnare formulava le domande successive in base alle risposte alle precedenti, guidando così l'apprendimento. Il programma era stabilito però dagli esperti che progettavano la macchina. Col LOGO l'allievo poteva farsi il suo programma e si realizzava una didattica flessibile, centrata sulle sue esigenze, cosa che consentiva di usare la tecnologia in modo dialogico e per una crescita personale nel rapporto col mondo. Papert prospetta la possibilità che la tecnologia da strumento di controllo dell'apprendimento diventi una risorsa per l'apprendimento autonomo.

La posizione forse più radicale è quella di Illich, eclettico studioso austriaco, scrittore e conferenziere brillante, che, dopo un periodo di esperienza accademica a Porto Rico, ha fondato in Messico una comunità educante, il CIDOC (*Centro Intercultural de Documentación*), per poi tornare a insegnare e a viaggiare in varie parti del mondo. La sua critica alla scuola tradizionale, espressa in particolare in *Deschooling society* del 1971 [15], s'inserisce in una più vasta messa in discussione del sistema industriale. Col passaggio dalla società tradizionale alla moderna, dal XVIII secolo in poi, c'è stata una diffusione di produzione di beni e servizi su scala industriale e tutti sono diventati consumatori. La scuola moderna rientra in questo sistema industriale e vende un sapere preconfezionato da esperti, come una merce qualsiasi. L'insegnante è un distributore e l'allievo un consumatore.

Per continuare a svolgere la sua attività produttiva la scuola adotta un programma latente oscurantista. Vuole essere l'unica fonte accreditata che distribuisce sapere e perciò scredita più o meno apertamente altre fonti e chiede all'allievo di essere un consumatore passivo di ciò che gli offre, uno che sta lì, frequenta e non va a cercare conoscenza altrove. Così facendo la scuola impedisce alle persone di cercare liberamente conoscenze e esperienze formative utili per divenire più capaci di gestire la propria vita e stare al mondo. Diremmo, forzando un po' il pensiero di Illich, che si oppone all'empowerment degli allievi.

Illich arriva a concludere che occorre descolarizzare, attuare un cambiamento radicale, che sottrae alla scuola il compito dell'istruzione. Illich pensa a una rete di agenzie culturali, in cui le persone possono muoversi scegliendo conoscenze e offerte educative.

Fatto interessante, Illich estende la sua critica a tutti i servizi basati sul sapere e la scienza e alle professioni a questi collegate, comprese le sanitarie. I professionisti della sanità, come quelli di altri settori, si preoccupano di avere il monopolio del sapere medico e fanno leva sull'oscurantismo, tendono a vietare ai non specialisti di interessarsi a quei temi. Così i non-medici per i loro problemi di salute perdono autonomia, dipendono dai medici. In un mondo di professioni tutti finiscono per essere dipendenti, dato che anche un professionista dovrà affidarsi ad altri non appena avrà un problema che non rientra nella sua specialità.

Illich si rende conto che le specializzazioni e il potere degli esperti hanno una loro logica, che sono un modo di risolvere i problemi legati al progresso scientifico, all'enorme espansione del sapere e all'organizzazione che l'applicazione delle conoscenze alla vita richiede. Tuttavia, come chiarisce in *Tools for conviviality* del 1973 [16], ritiene si possa immaginare un modo alternativo di fruire del sapere scientifico, che chiama conviviale. Invece di mettere il sapere nelle mani di esperti che lo detengono sotto il proprio controllo, si potrebbe lasciarlo circolare più liberamente e dare a ciascuno la possibilità di usare gli strumenti di cui disponiamo per realizzare i propri obiettivi. Cesserebbe così la diffusa dipendenza, che rende le persone deboli di fronte alla vita. Come per la scuola, anche per la sanità la sua soluzione è drastica: deprofessionalizzare la medicina. In *Tools for conviviality* scrive:

A somiglianza di ciò che fece la Riforma quando strappò il monopolio della scrittura ai chierici, noi possiamo strappare i malati dalle mani dei medici.

Le pedagogie alternative prospettano soluzioni di difficile realizzazione e a volte cedono all'utopia. Sottovalutano, ad esempio, il peso delle istituzioni, delle strutture e delle organizzazioni sociali, l'importanza della tradizione o l'utilità della disciplina nell'insegnamento. Tendono a sopravvalutare d'altra parte la naturale capacità delle persone di apprendere in autonomia, crescere e incidere sulla realtà in cui vivono.

Proprio perché cedono all'utopia però contengono intuizioni brillanti, che in alcuni casi, alla luce dei cambiamenti dei decenni successivi, appaiono profetiche. Ad esempio, l'accesso diffuso al sapere, compreso il sapere tradizionalmente gestito dalla scuola, specie con l'avvento del web, si è realizzato, seppure non proprio come l'mmaginava Illich. Come temeva Rogers, la scuola ha perso ascendente sulle nuove generazioni, che prima si sono ribellate e poi sono passate all'indifferenza, al distanziamento e alla resistenza passiva. Certamente le pedagogie alternative colgono nel segno quando evidenziano un problema: la nostra civiltà tende a formare persone deboli, paradossalmente, dato che i cambiamenti che viviamo richiederebbero gente più capace di controllare le faccende della propria vita.

Dal femminismo WID al GAD.

Dagli anni Settanta agli anni Novanta il femminismo, almeno a livello di orientamenti internazionali ufficiali, è passato dal cosiddetto approccio WID (*Women in Development*) al GAD (*Gender and Development*). L'economista Ester Boserup, in *Woman's role in economic development*, del 1970, riportava i dati di un'inchiesta sulla condizione femminile nel Terzo Mondo da cui risultava che le donne contribuivano significativamente all'economia, in misura superiore ai vantaggi che ne traevano [17]. Il lavoro di Boserup spinse l'ONU e le altre agenzie internazionali a pensare che gli aiuti non potevano essere dati senza tener conto del genere. Nasce così l'approccio WID, per cui le donne dovevano essere le beneficiarie privilegiate delle azioni di sviluppo.

Negli anni successivi l'approccio WID venne criticato, anche perché le donne erano considerate destinatarie passive degli aiuti. La conferenza delle Nazioni Unite, tenutasi nel 1975 a Città del Messico, inaugura l'approccio WAD (*Women and Development*), che enfatizza il ruolo attivo delle donne e insiste sull'accesso a posizioni sociali che ne consentono l'inserimento nei processi di sviluppo.

Ben presto anche l'approccio WAD mostrò i suoi limiti, svelando di avere persino effetti controproducenti. Apparve chiaro che dare alle donne certe posizioni nella società era un modo formale di intervenire, che non andava alle radici della discriminazione, spesso annidate a livello microsociale, nei rapporti della vita quotidiana. Bisognava trovare il modo di dare effettiva forza alle donne, mettendole in condizione di controllare maggiormente la realtà in cui erano. Andava valorizzato anche il genere, riconoscendo il significato positivo delle diversità, di modo che l'essere donne divenisse una risorsa. Si fa strada così l'idea di empowerment e sempre più si usa la parola. Nel 1995 la conferenza delle Nazioni Unite di Pechino chiama il nuovo approccio GAD (*Gender and Development*) e indica nell'empowerment una strategia decisiva.

L'influenza di Amartya Sen.

L'economista Amartya Sen, con la sua concezione dello sviluppo umano, ha contribuito a far entrare il termine empowerment nei programmi dei governi e delle agenzie internazionali. Come egli stesso ha dichiarato, nonostante la sua posizione di presidente della Banca Mondiale, ha evitato di fornire suggerimenti a governi e agenzie internazionali, ma queste hanno comunque risentito della sua influenza intellettuale.

Sen sul problema della disuguaglianza mondiale prende una coraggiosa posizione, sintetizzata in *Development as freedom* del 1999 [18]. Con le colonizzazioni e poi con la globalizzazione le

24

moderne società occidentali sono entrate in contatto con le società tradizionali del resto del mondo. In alcuni paesi, come il Giappone, si è assistito a una crescita impressionante, ma nel complesso il rapporto tra moderne società occidentali e il resto del mondo ha prodotto forti disuguaglianze. Così il 20% della popolazione del mondo detiene circa il 75% della ricchezza mondiale, mentre tutti gli altri si dividono il restante 25%. La tesi di Sen è che possiamo e dobbiamo riuscire a organizzare il mondo in modo che funzioni per tutti, non per alcuni.

Gli aiuti economici, i trasferimenti di beni e denaro dalla parte meno ricca alla più povera non danno buoni risultati. Anche per questo i teorici del post-sviluppo, come l'antropologo Arturo Escobar ed altri, hanno sostenuto che voler portare lo sviluppo nei paesi meno avanzati significa cercare d'imporre i nostri modelli a popoli diversi da noi, è una forma di imperialismo culturale, da abbandonare. Sen invece sostiene che non possiamo negare a una parte dell'umanità lo sviluppo, inteso come sviluppo umano, possibilità di soddisfare i bisogni, dalla sussistenza alla salute, all'istruzione, al benessere psicologico e sociale. Ma come fare?

Per Sen l'umanità ha le potenzialità per riuscire nell'impresa. Ha bisogno della capacità, cioè di poter esercitare la propria libertà in modo da incidere efficacemente sulla realtà per raggiungere i propri fini. Le carestie, ad esempio, raramente sono dovute a carenze di risorse naturali. Di solito sono dovute al fatto che alle persone, ai gruppi, ai governi mancano le capacità di sfruttare adeguatamente le risorse. E siamo così all'idea di empowerment: la via maestra è rendere più forti persone e realtà sociali in cui queste vivono.

La psicologia di comunità.

La nascita della psicologia di comunità si fa coincidere con un convegno tenutosi nel 1965 a Swaempscott, nel New England. Vi partecipano psicologi che operavano nel campo della salute mentale, campo in cui era in atto una riforma che chiudeva gli ospedali psichiatrici e chiedeva di reinserire nella comunità le persone con disturbi mentali, assistendole attraverso centri territoriali. Si era di fronte a una sfida. Non si poteva più pensare di concentrarsi solo sul malato, ma bisognava trovare il modo di integrarlo intervenendo sull'ambiente. Occorreva anche essere incisivi e rendere operativa una psicologia, che, pur avendo accumulato importanti conoscenze scientifiche sulle dinamiche psico-sociali, era essenzialmente teorica. Si trattava di passare dalla ricerca pura alla ricerca-azione, un lavoro in cui ricerca e interventi si mescolano.

In seguito la psicologia di comunità ha esteso il suo campo d'azione, lavorando ad altri problemi, come le tossicodipendenze, l'alcoolismo, le violenze domestiche, i disagi dell'adolescenza ed altri ancora. Il metodo consiste in ogni caso nell'analizzare assieme agli interessati esigenze e problemi che s'incontrano nella comunità e sempre assieme pensare strategie per migliorare la situazione. Come il docente nelle pedagogie alternative, lo psicologo è un facilitatore, uno che con la sua competenza aiuta gli interessati a responsabilizzarsi, reperire risorse, mobilitarsi, agire. Ecco che l'empowerment è decisivo. Sono le persone stesse della comunità a risolvere i problemi e vanno portate a essere capaci di farlo.

Il termine empowerment presto comincia a essere usato tra gli psicologi di comunità. Poi ad opera di Rappaport [19], Kieffer [20] ed altri abbiamo le prime elaborazioni teoriche tese a definire il concetto.

E la medicina?

La tradizionale concezione paternalistica della medicina prevede che il medico pensi e decida per conto del paziente, dato che sa ciò che è meglio per lui. Non c'è bisogno perciò che il paziente abbia particolari capacità o si dia da fare. È sufficiente che si affidi al medico e lo lasci lavorare. Nella seconda metà del Novecento questa visione direttiva del lavoro del medico gradatamente si è incrinata.

Negli anni Sessanta Michael ed Enid Balint propongono una medicina centrata sul paziente [21]. Si basano sull'esperienza dei gruppi Balint, gruppi in cui medici discutono sui casi che hanno in cura per arrivare a fare una diagnosi globale della malattia dei pazienti, che tenga conto anche della loro vita e inquadri la malattia nell'esistenza. Si affaccia l'idea che il paziente è l'esperto della propria vita e che perciò è parte in gioco nel lavoro medico, nella misura in cui le scelte cliniche incidono sulla sua vita.

Sempre in quegli anni alfabetizzazione e educazione sanitaria appaiono problemi sempre più seri. Gli studi suggeriscono che è difficile assicurare la salute alle persone con basso livello di alfabetizzazione sanitaria e che un maggior livello di educazione sanitaria consente di ottenere risultati migliori con costi minori. Evidentemente il paziente ha un ruolo attivo nelle cure e nella costruzione della salute e, se non è in grado di fare la sua parte, i risultati sono più scadenti.

Nel 1978 l'Organizzazione Mondiale della Sanità, nella Carta di Alma-Ata afferma in modo indiscutibile la nuova visione della medicina, in cui pazienti e medici sono partner nelle cure:

Le persone hanno il diritto e il dovere di partecipare individualmente e collettivamente alla pianificazione e all'implementazione della loro assistenza sanitaria [22].

Se il paziente deve partecipare attivamente, deve anche essere nelle condizioni di farlo. Ecco che occorre l'empowerment. Il concetto entra in medicina dagli altri ambiti, dalla psicologia di comunità, dall'educazione, dai movimenti sociali. A partire dagli anni Ottanta rapidamente si diffonde. La Carta di Ottawa del 1986 lo contempla: *"enabling people to increase control over, and to improve, their health"*. Loukanova e Bridges passando in rassegna le pubblicazioni mediche tra il 1980 e il 2005 hanno trovato 4.496 articoli in cui si nominava l'empowerment [23]. In un'analisi successiva Holmström e Röing hanno rintracciato 5.669 articoli che parlavano di empowerment dei pazienti [24].

Oggi l'empowerment dei pazienti è un obiettivo diffusamente riconosciuto a livello internazionale. Nel frattempo si è fatta strada anche l'idea che occorre un empowerment di operatori sanitari e di organizzazioni sanitarie. Proprio il fatto che devono cambiare il modo di rapportarsi ai pazienti e considerarli partner richiede che i professionisti della sanità vengano supportati in quella che per loro è una vera e propria rivoluzione culturale. D'altra parte i rapidi progressi scientifici, la crescita esponenziale delle conoscenze, la medicina basata sulle evidenze, i nuovi mezzi di comunicazione, la maggiore complessità delle organizzazioni sanitarie, l'importanza crescente dell'interdisciplinarità ed altri cambiamenti rendono necessario fare empowerment di professionisti e organizzazioni.

Ripensare il potere

Giulia è una giovane molto legata alla nonna e, quando questa si ammala di cancro, cerca in tutti i modi di esserle di aiuto. Ha sempre amato studiare, per cui trova naturale documentarsi sulla malattia della nonna, anche se nella sua carriera scolastica si è dedicata a studi umanistici. La nonna non tollera la chemioterapia, che ha su di lei effetti collaterali devastanti. I medici decidono di interrompere il trattamento e valutare se riprenderlo dopo un periodo di sospensione. La nonna non vuole saperne: checché ne dicano i medici, non intende sottoporsi ancora alla chemioterapia, per lei è già deciso che non la riprenderà. A Giulia sembra assurdo che si stia senza far nulla mentre la malattia avanza. L'età, il fatto che la nonna abbia più di ottant'anni non le sembra una buona ragione per rassegnarsi.

Un giorno Giulia accompagna la nonna a una visita dall'oncologo. Prova timidamente a proporre un chemioterapia metronomica, meno tossica e forse con qualche speranza di frenare la malattia. L'oncologo la guarda e le chiede: "Sei medico?". Giulia risponde: "No, mi sto laureando in scienze della comunicazione". L'oncologo sta un po' in silenzio, poi fa una smorfia e borbotta: "Internet". Ancora qualche secondo di silenzio, quindi si rivolge alla nonna e chiede: "Lei è qui per farsi curare?". La nonna annuisce con l'aria di dire "ovviamente".

Nella vicenda di Giulia è decisamente assente l'empowerment. Siamo agli antipodi di un'esperienza di empowerment in medicina. L'ostacolo è il potere. Eccoci di fronte a un paradosso, visto che il nocciolo dell'empowerment è proprio il potere. Fare empowerment è dare potere, ma il potere ostacola l'empowerment. Il punto è che nella vicenda di Giulia il potere non ha le caratteristiche che dovrebbe avere.

Perché l'empowerment sia possibile il potere dev'essere dinamico, cioè qualcosa che non è fisso, ma può cambiare. Giulia cerca di prendere un certo potere nella gestione della malattia della nonna, ma non ci riesce, trova una barriera e tutto resta come prima. Il potere non cambia.

L'empowerment è possibile se il potere può cambiare senza che si debba rivedere la struttura sociale, senza mettere in discussione le istituzioni e le posizioni che nella società hanno le persone interessate. L'oncologo si sente minacciato dall'intervento di Giulia, come se proporre la metronomica fosse un tentativo di rubargli il compito di curante e così indebolire il suo status di professionista della salute. Perciò chiede: "Sei medico?". Se Giulia è medico, non c'è problema, può dire la sua senza per questo sconvolgere l'ordinamento per cui il compito di curare spetta ai medici. Ma, se non è medico, il suo è un tentativo sovversivo.

Una terza condizione, necessaria perché si realizzi l'empowerment, è che il potere possa espandersi, diffondersi nella società, in modo tale che ognuno possa accrescere il proprio senza che gli altri lo perdano. L'oncologo tratta Giulia con severità perché dal suo punto di vista lasciare che un non medico proponga una cura significa togliere potere ai medici, a cominciare da lui. Siccome ha l'impressione che Giulia stia tentando di portargli via il potere, la blocca, anche per responsabilità professionale: non può permettersi di non avere l'autorità necessaria per curare quell'anziana signora nel modo che ritiene più opportuno. Giulia va ridotta al silenzio.

Una quarta condizione è che il potere possa essere esercitato apertamente, in modo trasparente, visibile senza che questo provochi tensioni, conflitti. Nella vicenda di Giulia l'oncologo esercita un potere nascosto, invisibile. Lo fa dando per scontato che dev'essere il medico a decidere le cure per il bene del paziente. Nella misura in cui i suoi interlocutori accettano le regole del gioco, ci credono, le interiorizzano, l'oncologo può continuare a esercitare il potere senza che nascano tensioni e senza bisogno d'imporsi. Tra le regole del gioco c'è anche quella del segreto, secondo la quale le conoscenze mediche devono restare accessibili solo agli specialisti del settore, non essere svelate a tutti. Giulia ha violato questa regola e Internet è un problema anche perché facilita queste violazioni, mettendo a disposizione di chiunque un sapere che dovrebbe essere riservato a persone selezionate.

Con la nonna il potere silenzioso dell'oncologo sembra funzionare tutto il tempo, mentre con Giulia le cose vanno diversamente. Quando Giulia esce allo scoperto e prova a esercitare il potere apertamente, tra lei e l'oncologo nasce la tensione e nei suoi confronti scatta la repressione. La domanda finale rivolta alla nonna mette fine alla repressione. Giulia viene costretta all'acquiescenza, deve accettare anche lei di sottostare al potere silenzioso dell'oncologo, che va riconosciuto senza discutere, perché è nei fatti, nell'ordine naturale delle cose.

C'è una quinta condizione: per fare empowerment il potere deve essere esercitato in uno spazio comune, creato assieme per confrontarsi. Nella vicenda di Giulia questo spazio non c'è. Il dialogo con l'oncologo si svolge in uno spazio chiuso, controllato da chi istituzionalmente detiene il potere. Nel momento in cui l'oncologo si rivolge alla nonna, si scivola per breve tempo in uno spazio concesso, sollecitato appositamente per avere un feedback che legittimi lo status quo. "Lei è qui per farsi curare?" chiede l'oncologo e la nonna annuisce, col che viene ribadita la tacita accettazione delle regole del gioco. Aiuta a capire le ultime due condizioni il *Power Cube* di John Gaventa, dell'Università del Sussex, studioso di empowerment nei problemi di sviluppo socio-politico [25].

Se riflettiamo sulle cinque condizioni, possiamo avere il dubbio che l'empowerment sia impossibile, un sogno non realizzabile a

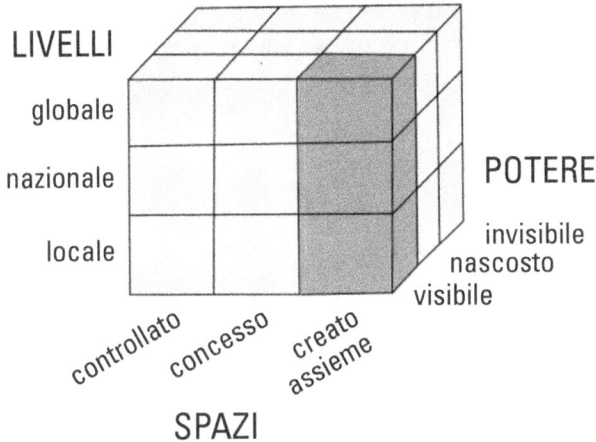

Il Power Cube di Gaventa.
Il cubo è pensato per macrocontesti, per cui considera il livello globale, il nazionale e il locale. Possiamo però usarlo tenendo a mente anche livelli micro, come quello dei rapporti interpersonali. Qualunque sia il livello, l'empowerment si realizza se il potere è visibile e viene esercitato in uno spazio creato assieme, cioè nella colonna davanti a destra.

questo mondo. Siamo abituati a pensare che per cambiare il potere occorre ristrutturare i rapporti sociali, che se uno guadagna potere qualcun altro irreparabilmente lo perde, che l'esercizio aperto del potere provoca tensione e abbiamo scarsa dimestichezza con spazi creati apposta per esercitare assieme il potere dove nessuno controlla. L'idea di empowerment ci sfida. Per afferrarla dobbiamo ripensare il nostro modo abituale di concepire il potere.

C'è potere e potere

Solitamente, quando pensiamo al potere, immaginiamo il potere di qualcuno su qualcun altro. C'è il potere del padre sul figlio, del docente sull'allievo, del medico sul paziente, del comandante sui militari, del manager sui collaboratori, dell'azienda sui dipendenti, dello Stato sui cittadini e così via. Questo genere di potere evidentemente esiste, ma non è l'unico, diversamente da quanto comunemente tendiamo a pensare e da quanto sostenuto in passato anche dagli studiosi di scienze sociali.

Nelle scienze sociali lo sforzo di dare una definizione precisa di potere, da applicare alla vita sociale, ha portato a concentrarsi sul *potere su, power over*. Nella tradizione filosofica ricorrono definizioni generali valide sia per i rapporti sociali, sia per il rapporto dell'uomo con la natura. Per Hobbes il potere "consiste nei mezzi per ottenere qualche apparente vantaggio futuro". Bertrand Russel definisce il potere come "la capacità di realizzare effetti desiderati". In definizioni così generali rientrano sia la capacità d'incidere sulla vita sociale, sia quella d'incidere sulla natura. Che mio figlio mi abbia obbedito o che abbia sfruttato un terreno coltivandolo, ho comunque ottenuto un vantaggio e realizzato effetti desiderati.

Max Weber [26], uno dei maestri che hanno fatto della sociologia una disciplina matura, si è preoccupato di elaborare una definizione di potere più ristretta e più adatta alle scienze sociali. La famosa definizione di Weber è questa:

> *...qualsiasi possibilità di far valere entro una relazione sociale, anche di fronte a un'opposizione, la propria volontà, quale che sia la base di questa possibilità.*

Se da un lato la definizione di Weber aiuta a concentrarsi sul potere come fenomeno sociale, dall'altro è riduttiva: identifica il potere con i rapporti di dominio e non tiene conto della complessità del potere nella vita sociale. Se ci atteniamo alla definizione di Weber, finiamo per pensare che nella vita sociale ci siano da un lato rapporti di dominio, nei quali è presente il potere, e dall'altro rapporti cooperativi, dove il potere è assente. Senonché la realtà non è questa.

Il potere in effetti c'è sempre, sia nei rapporti di dominio, sia nei rapporti cooperativi. Solo che sono in gioco due tipi diversi di potere e in un caso prevale uno, nell'altro l'altro. Un tipo di potere è il *potere su*, come quello descritto da Weber, in cui c'è chi s'impone e chi cede, chi assoggetta e chi è assoggettato, chi comanda e chi ubbidisce. Nell'altro tipo di potere si agisce assieme sulla realtà sociale, trasformandola in modo che risulti più vantaggiosa e rispondente ai desideri di tutti, senza che uno debba prevalere sull'altro.

Già Hannah Arendt, politologa nota in particolare per i suoi studi sul totalitarismo, aveva colto che c'è un potere che consiste nella "capacità umana di agire di concerto". Nella tradizione dell'empowerment [27, 28] è questo il tipo di potere su cui s'insiste e di solito viene chiamato *potere con, power with*, proprio per sottolineare che è detenuto assieme agli altri, non in competizione con gli altri.

Possiamo renderci conto dell'esistenza del *potere con*, se riflettiamo sull'attività del docente che fa il facilitatore e stimola e supporta l'allievo nella sua crescita. Riflessioni analoghe possiamo fare a proposito della psicologia di comunità, in cui lo psicologo analizza i problemi assieme agli interessati e assieme a questi cerca creativamente soluzioni. Riusciamo a immaginare il *potere con* anche nella pratica medica, se solo facciamo il passaggio di considerare la malattia un problema che operatore sanitario e paziente si trovano ad affrontare assieme. È un passaggio culturalmente difficile in una civiltà che ci ha abituato a credere che i problemi di salute siano una faccenda dei professionisti del settore, ma a ben guardare è solo prendere atto della realtà.

Potere su e *potere con* sono sempre mescolati, dappertutto. Solo che nei rapporti di dominio c'è più *potere su*, mentre in quelli cooperativi più *potere con*. A dire il vero non possiamo neanche tracciare una netta separazione tra rapporti di dominio e cooperativi. Nella vita sociale troviamo tutta una gamma di rapporti, dai più improntati al dominio ai più improntati alla cooperazione. È anche azzardato pensare che certi rapporti siano per loro natura necessariamente più di dominio ed altri necessariamente più cooperativi. Ad esempio, può darsi che il rapporto tra comandante e soldato sia più di dominio di un rapporto d'amore. Tuttavia in una coppia potrebbero esserci significative esperienze di *potere su* e in un contesto militare potrebbe trovar spazio molto *potere con*.

Nelle scienze sociali l'idea che la società sia divisa in due, con una parte fatta di rapporti di potere ed una di rapporti cooperativi, ha trovato sostegno nei teorici del conflitto, di matrice marxiana o weberiana. Questi studiosi hanno avuto il merito di svelare l'altra faccia della medaglia. Tutta una tradizione funzionalista vede la società come un sistema funzionale, una realtà organizzata che ci permette di far fronte alle nostre necessità e dove tutto è in fondo utile e naturale, anche il potere.

I teorici del conflitto descrivono invece la società come luogo di divisioni, stratificazioni e lotte, dove il potere produce oppressione, spesso mascherata da benevolenza. Nonostante abbiano avuto il merito di smontare l'ottimismo accomodante del funzionalismo e mettere di fronte alla dura realtà, i teorici del conflitto hanno finito per spingere verso una visione ingenua della società, suggerendo implicitamente che il potere sia sempre negativo e che possa esistere una vita sociale senza potere.

In effetti la società è viva, cambia, evolve nella misura in cui c'è esercizio del potere. Lo dice bene Bertrand Russell: "Il concetto fondamentale nelle scienze umane è il potere, come l'energia nelle scienze fisiche". Gli studi antropologici ce lo confermano. Le società senza Stato di cacciatori-raccoglitori, come quelle in cui la nostra specie è vissuta per la maggior parte della sua storia, sono egualitarie e pacifiche. Con l'avvento dello Stato cominciano disuguaglianze, oppressione, lotte. Eppure il potere c'è anche nelle società senza Stato, solo che lì c'è più *potere con* e meno *potere su*.

Se le cose stanno così, non possiamo seriamente immaginare di eliminare il potere dalla società. Un mondo senza potere non è un mondo di libertà, è un mondo d'impotenza. Se desideriamo combattere la povertà, la marginalità, le disuguaglianze, le discriminazioni, l'oppressione, conviene cercare di dare più spazio al *potere con*, cercare di modificare l'equilibrio tra le forme di potere nei rapporti sociali. È questa la via seguita nei programmi di empowerment.

Col "potere con" l'empowerment è possibile

Una volta chiarito che c'è potere e potere, che accanto a un *potere su* c'è un *potere con*, l'empowerment smette di apparirci un sogno irrealizzabile. Finché pensiamo in termini di *potere su*, non vediamo le condizioni per fare empowerment. Se invece ragioniamo in termini di *potere con*, ci sono tutte.

Il *potere con* può cambiare facilmente senza che si debba rivedere la struttura sociale. Il potere d'intervenire sulla realtà sociale condividendo i problemi e collaborando è fondamentalmente qualcosa che si costruisce nella relazione. Giustamente si parla di *relational power*, potere relazionale [29]. Il *potere su* invece tende a essere dato in partenza ed è legato alla posizione sociale, al ruolo delle persone, alle istituzioni. È vero che, come molti hanno sostenuto da Weber in poi, anche il *potere su* si può ridefinire nei rapporti tra gruppi sociali che se lo contendono, ma è comunque un potere più vincolato alle strutture sociali.

Nella vicenda di Giulia, se l'oncologo avesse ragionato in termini di *potere con*, non si sarebbe sentito minacciato dalla proposta della metronomica e non avrebbe sentito il bisogno di chiedere: "Sei medico?". Per lo meno non di chiederlo in quel modo e con quell'intento. Se assieme stiamo lavorando ad affrontare un problema, poco importa chi sono io e chi sei tu. Ciò che conta sono le idee, le informazioni, le valutazioni critiche e tutte le risorse che riusciamo a radunare e che possono renderci più capaci d'incidere sulla realtà.

Il *potere con* può tranquillamente espandersi. Se collaboriamo ad agire sulla realtà per affrontare un problema comune, ogni volta che cresce il mio potere, cresce anche il tuo. Giulia ha messo sul tavolo l'ipotesi della metronomica. Giusta o sbagliata che sia, discuterne può rivelarsi comunque vantaggioso. Nella vicenda di Giulia l'oncologo aveva idee poco chiare in proposito e ha perso un'occasione per imparare cose nuove e avere una chance in più nella cura di una paziente. Qualora il caso fosse stato diverso, se Giulia avesse proposto qualcosa d'infondato, metterla a tacere avrebbe fatto comunque perdere l'opportunità di chiarire assieme il problema, prendere consapevolmente una decisione condivisa e fare educazione sanitaria.

Il *potere su* è una risorsa limitata, per cui, se uno ne prende, qualcun altro deve rinunciarci. Si dice che è a somma zero. Il *potere con* invece è una risorsa tendenzialmente illimitata. Così, quando più persone si appropriano di questo potere, nel complesso, in quel gruppo ce n'è di più, tutti sono più potenti e insieme possono anche raggiungere alti livelli di potere. Capiamo meglio come mai il *potere con* è una risorsa tendenzialmente illimitata, se teniamo presente che è strettamente legato alla conoscenza, intesa come quel sapere che ci permette di agire sul mondo intelligentemente. È tipico della conoscenza che possa essere condivisa senza che per questo ciascuno ne abbia di meno. Certo questo non vale quando a usare la conoscenza è il *potere su*. Allora la conoscenza viene guastata, perché cristallizzata, separata dalla tensione conoscitiva e ridotta a qualcosa di definito che può essere mercificato, vale a dire trasformata da *philosophía* in *sophía*. Viene introdotto poi il segreto, con la regola per cui solo alcuni possono accedere a certe conoscenze.

Il *potere con* soddisfa anche le altre condizioni dell'empowerment. Non ha alcun bisogno di nascondersi o rendersi invisibile. Infatti, a meno che non venga frainteso, non suscita reazioni negative, dato che può essere esercitato senza alterare la struttura sociale e con vantaggio di tutti. Nella vicenda di Giulia l'oncologo reagisce negativamente perché è in ottica di *potere su* e vede l'intervento di Giulia come un tentativo aperto di esercitare *potere su*.

Steven Lukes osserva che il potere si esprime ai livelli più alti quando arriva ad essere invisibile e chi è assoggettato pensa di stare agendo liberamente per il bene suo e del mondo [30]. Questo sicuramente vale nel caso del *potere su*. Basti pensare che l'evoluzione dello Stato moderno è un susseguirsi di tentativi di velare il potere sui cittadini. Nello Stato liberale un'élite gestiva paternalisticamente la politica per conto del popolo. Lo Stato liberale è entrato in crisi, non solo perché le masse hanno premuto per partecipare alla vita politica, ma anche perché i media hanno svelato i retroscena del potere. I regimi democratici emersi dalla crisi dello Stato liberale si sono trasformati in Welfare State, non solo per ragioni etiche e per soddisfare le richieste provenienti dal basso, ma anche per legittimare l'espansione dell'apparato statale e l'aumento di tassazione e nascondere dietro una facciata benevola il sistema di affari legato alla politica.

Se il *potere su* tende a nascondersi, accade l'esatto contrario nel caso del *potere con*: si esprime al più alto livello quando è aperto. Lo psicologo di comunità, l'educatore e chiunque faccia empowerment lavora bene quando lascia chiaramente trasparire il suo intento di aiutare a crescere e a rafforzarsi quelli che ha davanti.

Il *potere su* ha ambiti ben precisi in cui viene esercitato. L'insegnante ha potere nell'attività didattica, il medico nel campo della salute e così via. La persona che ha potere in un campo non l'avrà in un altro e la stessa persona si sottopone al potere di persone diverse in ambiti diversi. Questi ambiti sono ben controllati nella società e al più capita che si conceda a soggetti esterni di esercitare un certo potere in un ambito non loro per guadagnarne il consenso o per altre ragioni d'interesse. Diversamente dal *potere su*, il *potere con* non è soggetto a queste limitazioni. Se decidiamo di lavorare assieme a un problema comune, mobilitando le risorse che assieme riusciamo a mobilitare, possiamo farlo in qualsiasi campo. Ecco soddisfatta anche l'ultima condizione per l'empowerment.

La lezione degli studi sulla leadership

In psicologia sono stati studiati vari aspetti della leadership, dalla questione dei tratti di personalità che predisporrebbero al comando a quella della leadership maschile e femminile, agli stili di leadership, alla loro efficacia a seconda delle circostanze, agli effetti della cortesia o scortesia del leader, a come i comportamenti del leader incidono sulla produttività o sulle dinamiche di gruppo.

	LEADERSHIP GERARCHICA	LEADERSHIP DI ASCENDENTE
ORIGINE	deriva da un'investitura o da un riconoscimento esterno del leader	il leader trae il suo potere d'influenza dagli stessi su cui esercita la leadership
DURATA	tende a essere permanente	dura finché il leader gode di fiducia
DETENTORI	possono averla solo persone in determinate posizioni istituzionali	può averla chiunque a prescindere dalla posizione istituzionale
STRUMENTI	il leader fa leva essenzialmente sul potere e sul prestigio	il leader fa leva essenzialmente sulla conoscenza prodotta assieme

Caratteristiche della leadership gerarchica e di ascendente

Di particolare interesse è il confronto tra leadership formale o gerarchica e leadership non formale, non gerarchica, che viene chiamata in vari modi: di ascendente o di servizio o non impositiva o non assertiva.

La leadership formale è legata al fatto che chi la esercita è in posizione di superiorità in un gruppo perché vi è stato messo dall'esterno, in forza di una nomina, di un'elezione o di un riconoscimento (è caporeparto, presidente di commissione, l'esperto). La leadership informale invece emerge spontaneamente nel corso della vita del gruppo, per il semplice fatto che gli altri tendono ad affidarsi a quella persona, a seguirla, perché esercita un ascendente su di loro. Diversamente da quel che accade nel caso della leadership formale, chiunque può acquistare ascendente sugli altri. La sua leadership però è precaria, perché c'è nella misura in cui gli altri credono in lui e varia con l'andamento della relazione, ora crescendo ora diminuendo finanche a sparire.

Nell'esperienza quotidiana leadership formale e informale coesistono e si mescolano in vari modi. Chi è in posizione di autorità (il dirigente, il comandante, il professionista, ecc.) di solito cerca di guadagnare ascendente su quelli sotto di lui e sfrutta anche questo oltre al potere legato alla gerarchia. Può farlo più o meno a seconda del suo stile di leader, delle circostanze o del periodo che attraversa. Nei gruppi, nelle organizzazioni o in altri contesti sociali accanto ai leader formali ci sono persone che, anche se non occupano una posizione sociale di potere, comunque godono di significativo ascendente sugli altri, rappresentano un riferimento informale. A volte capita che persone più basse in grado abbiano più ascendente di quelle più in alto nella gerarchia. In alcuni casi la distribuzione dei due tipi di leadership tra figure diverse è strutturata, come quando il comandante in prima predilige la leadership formale, mentre quello in seconda tende a fare da tutor sfruttando l'ascendente, o come fanno a volte i genitori che assumono stili diversi e complementari nel rapporto con i figli.

Su che cosa si basa la leadership gerarchica? Deutsch e Gerard hanno introdotto una classica distinzione tra influenza normativa e informativa [31]. Quando esercitiamo la normativa, spingiamo gli altri a conformarsi alle nostre aspettative servendoci di rinforzi, cioè premi e punizioni. Esercitiamo un'influenza informativa invece se indirizziamo gli altri fornendo informazioni di cui noi siamo in possesso e di cui loro hanno bisogno, perché non riescono a capire la situazione e sono in un momento critico, hanno fretta o corrono rischi. In genere i leader gerarchici utilizzano entrambi questi tipi d'influenza. Il capo, ad esempio, è uno che può ricorrere a strumenti coercitivi (valutazioni negative, richiami, esclusione da attività, ecc.) e incentivi (valutazioni positive, avanzamenti di carriera, incarichi gratificanti, ecc.). Solitamente è anche uno competente, che può darci le informazioni giuste al momento opportuno.

A seconda della posizione sociale che il leader formale occupa prevale un tipo o l'altro d'influenza, ma sono sempre entrambe presenti. Ad esempio, il medico con i pazienti e i suoi cari utilizza prevalentemente l'influenza informativa. Può ricorrere però anche alla normativa, mostrandosi più disponibile o meno, approvando o disapprovando certi comportamenti, accettando di fare una prescrizione o negandola e via dicendo. È comunque uno che ha un potere coercitivo-incentivante.

E la leadership di ascendente? Non si avvale né dell'influenza normativa, né della normativa. Chi esercita una leadership di ascendente può ricorrere a premi e punizioni (ad esempio, esprimere approvazione o disapprovazione) o dispensare informazioni e conoscenze di cui dispone e che agli altri servono. Proprio l'ascendente che ha conquistato può dargli l'autorità e il prestigio per esercitare l'influenza normativa e informativa. Questi comportamenti però non rafforzano la sua leadership di ascendente. Sappiamo che, al contrario, quando un leader di ascendente ricorre all'influenza normativa o informativa, perde una quota del suo ascendente: è come se spendesse un credito acquisito, che dovrà preoccuparsi di recuperare, se vuole mantenere costante il proprio livello di leadership. Evidentemente alla base dell'ascendente c'è qualche altro meccanismo, che non ha a che fare col dare premi, punizioni o informazioni.

Lo studio dei meccanismi di ascendente è di attualità: comprendere questi meccanismi è particolarmente importante nel mondo di oggi [32]. Stiamo vivendo infatti trasformazioni che sempre più richiedono ai leader istituzionali di far leva sull'ascendente, mettendo tra parentesi la gerarchia. Sono cambiamenti mondiali, legati in buona parte alla globalizzazione e allo sviluppo tecnologico e delle comunicazioni. A tutti i livelli assistiamo a un indebolimento delle gerarchie, dovuto al concorso di una molteplicità di fattori.

Una ragione di fondo può essere rintracciata nell'indebolimento della sovranità statale, dovuto sia alla crisi dello Stato moderno, sia alla globalizzazione. In genere gli Stati, più perdono sovranità, meno consentono l'esercizio del potere a chi è in posizione di controllo. La distanza tra persone di diverso livello gerarchico si riduce per effetto della scolarizzazione di massa, che riduce i gap di istruzione e per la diffusa mentalità democratica. C'è poi la trasparenza che va affermandosi specie per effetto dei media e che impedisce a chi è in posizione di potere di avere strategie di retroscena. Come ha messo in evidenza Castells, anche le nuove tecnologie della comunicazione agiscono in questa direzione, giacché collegano le persone in rete e le strutture a rete sono per natura antigerarchiche [33]. A ridurre la distanza tra dirigenti e altri lavoratori contribuisce la terziarizzazione, con lo sviluppo dei servizi, che richiedono che anche operatori di basso livello gerarchico condividano la visione della dirigenza, dato che l'immagine dell'organizzazione dipende principalmente dagli operatori del front line.

Con la globalizzazione e lo sviluppo dei media assistiamo all'erosione delle tradizioni, da quelle che governano la vita quotidiana alle religioni e alla scienza. Queste resistono, anzi a volte rinascono e si diffondono maggiormente, ma diventano meno vincolanti. Le persone pensano di poter assumere liberamente questa o quella tradizione, senza dovere sottostare alla loro autorità. Uno degli aspetti dell'erosione delle tradizioni è il diffondersi dell'antidogmatismo e del confronto critico, che in età moderna erano rimasti confinati all'ambito scientifico e che ora diventano un modo di fare di chiunque. L'erosione delle tradizioni toglie autorità a scienziati, medici, insegnanti e altri professionisti che si avvalgono di saperi tecnici. Idealmente ognuno dovrebbe decidere che cosa fare ragionando e confrontandosi criticamente con gli altri, non obbedendo a qualche autorità, che presume di avere la verità.

Cospira con l'erosione delle tradizione il fatto che sia più facile accedere alle informazioni e al sapere, grazie ai media e in particolare al web. È sempre più difficile così esercitare quel controllo sul possesso delle conoscenze che è alla base di certe gerarchie.

Oggi è importante che i leader istituzionali facciano più leva sull'ascendente non solo perché le gerarchie sono indebolite, ma anche perché lo esigono le sfide del mondo di oggi. Sempre più spesso siamo di fronte a problemi da affrontare con uno sforzo di intelligenza collettiva. Ad esempio, siamo, come si dice, nell'economia della conoscenza, in un contesto produttivo in cui il valore dei prodotti e il vantaggio competitivo risiedono nelle idee, non nei beni materiali in sé. Le ricerche di psicologia hanno ampiamente dimostrato che i gruppi di lavoro impegnati in attività d'intelligenza rendono decisamente di più se guidati da leader che sfruttano l'ascendente, anziché il potere gerarchico.

Ma su che cosa si basa la leadership di ascendente? Come può una persona acquistare ascendente sugli altri? Le ricerche empiriche di psicologia dicono poco a riguardo. Sono interessanti alcuni classici studi su come si conquista la leadership informale in gruppi di coetanei o di amici [34, 35]. In questi casi l'ascesa del leader avviene in due fasi: prima il leader si conforma alle regole del gruppo diventando un perfetto gregario e solo dopo aver conquistato la fiducia e il favore degli altri comincia a introdurre gradatamente innovazioni e a esercitare il suo potere. In un certo senso, il leader è un "infiltrato" nel gruppo. L'indicazione interessante che emerge da questi studi è che per guadagnare ascendente, lungi dall'imporsi, occorre cercare il coinvolgimento, la partecipazione: chi ha ascendente più di ogni altro s'identifica nel gruppo, se ne sente parte e ne ha a cuore le sorti.

Molto di ciò che sappiamo su come si conquista ascendente sugli altri non deriva dalla psicologia, ma dalle ricerche di antropologia culturale sui capi delle società senza Stato. Sono davvero ricchi di indicazioni importanti i lavori classici sui Kapauku della Nuova Guinea [36], sui Semai della Malesia [37], i !Kung del Kalahari [38] o sui Mekranoti-Kayapo del Brasile [39].

Nelle società senza Stato non ci sono gerarchie formali. L'*headman*, il capotribù, non è un capo come noi lo intendiamo, dato che in realtà non ha alcuna carica ufficiale: è semplicemente un uomo influente, più ascoltato degli altri, finché gode di stima e fiducia. Il *big man*, tipico dei popoli di orticoltori della Melanesia, somiglia di più a un capo come lo immaginiamo noi, giacché dispone di qualche mezzo coercitivo-incentivante e ha una sorta di mandato. Comunque deve conquistare e mantenere costantemente la propria posizione facendosi stimare. Le società senza Stato sono un laboratorio di grande interesse nello studio della leadership di ascendente, rappresentano una sorta di esperimento naturalistico in cui la leadership gerarchica è stata tolta e possiamo vedere in azione l'ascendente allo stato puro.

L'antropologo Marvin Harris [40] descrive così la tipica condizione dell'*headman*.

La posizione di comando del capo è facilmente frustrante e incresciosa [...] Sempre il primo ad alzarsi al mattino, il capo cerca di svegliare i suoi compagni mettendosi al centro della piazza del villaggio e gridando. Dà l'impressione di blandire, arringare e perorare dalla mattina alla sera. Se bisogna svolgere un'attività, è il capo ad iniziarla ed è sempre lui a consacrarvisi più duramente di chiunque altro. Inoltre, egli deve dare l'esempio non solo di grande laboriosità, ma anche di generosità. Dopo una spedizione di pesca o caccia, ci si aspetta che distribuisca il suo bottino più di ogni altro; se si ottengono merci tramite scambi, deve fare attenzione a non prendere i pezzi migliori per se stesso.

Se passiamo in rassegna gli studi antropologici sui leader delle società senza Stato, possiamo rintracciare alcuni comportamenti tipici [41, 42]. Sono riassunti in tabella. Comportamenti simili si ritrovano nelle nostre società quando qualcuno esercita leadership di ascendente sugli altri.

Il nucleo portante della leadership di ascendente sembra essere il fatto che il leader si pone in funzione di servizio nell'interesse collettivo, fa il facilitatore che aiuta gli altri ad affrontare e gestire con maggiore padronanza le proprie faccende. Non s'impone, anzi evita accuratamente d'imporsi, fino al punto di diventare una presenza-assenza.

Il leader di ascendente si avvale della conoscenza per interpretare la realtà e trovare soluzioni ai problemi. Tuttavia non è un detentore del sapere che dispensa proprie conoscenze. È piuttosto una guida nel cammino della conoscenza, uno che rende possibile l'intelligenza collettiva, che si mette al servizio degli altri per portarli a elaborare assieme conoscenze utili a produrre e a vivere bene. La conoscenza su cui fa leva non è la propria, bensì quella che i gregari riescono a costruire pensando assieme col suo aiuto. Certamente per fare questo lavoro deve avere conoscenza e soprattutto amare la conoscenza. Non fa però la parte dell'esperto, del sapiente.

FATTORI DI ASCENDENTE	
Intelligenza e immaginazione	il leader è sempre un passo avanti rispetto al gruppo: è il primo a porsi i problemi di tutti e a pensare come risolverli
Orientamento all'interesse collettivo	il leader cura gli interessi del gruppo, si presenta in funzione di servizio, annulla o mette in secondo piano il proprio interesse privato
Senso della trascendenza	sebbene si sforzi chiaramente di esercitare un controllo sulla realtà nell'interesse collettivo, il leader sa e mostra di sapere che esiste l'imponderabile
Generosità	il leader investe di suo (si impegna per primo, dà l'esempio, utilizza risorse materiali proprie) per il bene del gruppo
Fallibilità	se da un lato il leader si rafforza facendo bene le cose (portando alla vittoria in guerra, guarendo, indovinando, ecc.), dall'altro non dev'essere infallibile: qualche errore ammesso, di cui si scusa, lo rende più umano e vicino agli altri, ne fa "uno di noi"
Presenza/assenza	il leader è presente come guida, ma in un certo senso è un assente, dato che non prende mai posizione in proprio, non è mai parte in causa: nelle controversie si mantiene equidi-stante dalle fazioni in contrasto, non entra mai in contrasto con qualcun altro, non critica nessuno e non si arrabbia mai in pubblico, anche quando dà ordini non lo fa a titolo personale ed è come se non li desse (i capi Kuikuru mettono in scena la cosa dando ordini all'aria)
Senso del tempo	il leader non pretende di risolvere tutti i problemi contemporaneamente, ma ha chiaro che i problemi impellenti (es. comporre un dissidio e prendere una decisione) si possono diluire nel tempo, per cui ne tratta uno per volta senza fretta e senza ansia

Dagli studi antropologici emerge che i leader delle società senza Stato hanno alcune caratteristiche di comportamento che li portano ad avere ascendente sugli altri.

Siamo in grado ora di cogliere la lezione degli studi sulla leadership. Nella leadership formale si ricorre al *potere su*, normativo o informativo che sia. In quella di ascendente si usa il *potere con*. Questo tipo di leadership è in effetti *potere con* che nei rapporti della vita sociale si mescola al *potere su* e che prevale dove i rapporti sono più cooperativi, mentre è meno presente dove sono più improntati al dominio. Almeno questo è quel che accade nelle società statali, le società cui siamo abituati e che tendiamo a identificare con le società in genere. Nelle società senza Stato di caccia e raccolta quella di ascendente è praticamente l'unica leadership, dato che queste sono formate da gruppi egualitari e cooperativi e si reggono essenzialmente sul *potere con*.

Chi esercita una leadership di ascendente fa in realtà empowerment. Infatti con la sua leadership, esercitando il *potere con*, rende tutti (gli altri e se stesso) più responsabili e più capaci di affrontare i problemi e migliorare le proprie condizioni di vita. Chi porta avanti un lavoro di empowerment, il facilitatore che in un progetto interviene su persone, gruppi, organizzazioni, comunità, finisce per fare largo uso della leadership di ascendente. Riveste anche un ruolo formale, per cui potrà servirsi anche della leadership gerarchica. Tuttavia nella misura in cui è un buon facilitatore privilegerà la leadership di ascendente. Porterà anche gli altri ad apprendere l'arte della leadership di ascendente e a servirsene nel lavoro collettivo.

Proviamo ora a immaginare una realtà in cui si è fatto con successo empowerment. A rigore dovremmo avere una situazione in cui tutti esercitano ascendente gli uni sugli altri, pure se riconoscono la figura del facilitatore.

Se le cose stanno così, ho un modo semplice per stabilire in che misura l'empowerment sta funzionando: chiedermi se io ho ascendente e se anche l'altro ha ascendente. A ben guardare, nella vicenda di Giulia e dell'oncologo è assente la leadership di ascendente. Se intendiamo davvero fare empowerment, dobbiamo imparare l'arte della leadership di ascendente e ricordare sempre che questa è la leadership da preferire.

La lezione degli studi sulla persuasione

Comunemente la persuasione ci fa pensare alla manipolazione. Immaginiamo un rapporto asimmetrico in cui il persuasore condiziona scientemente e abilmente idee e comportamenti di chi viene persuaso. Chi persuade sa già in partenza qual è la situazione e che cosa vuole e, incurante del vero e del giusto, spinto dal proprio interesse, mediante strategie di comunicazione influisce su un target ignaro e indifeso, ridotto a pedina. Le scienze sociali, la psicologia in particolare, hanno messo in discussione questa visione di senso comune, mostrando chiaramente che confondere persuasione e manipolazione è un errore.

Indubbiamente una persuasione manipolatoria c'è, anche se non sempre la manipolazione è così esagerata come tendiamo a immaginarla. Possono esserci gradi diversi di manipolazione e nella comunicazione faccia a faccia o attraverso media interattivi le azioni persuasive sono di regola bilaterali: mentre io cerco di convincere te, tu cerchi di convincere me. Accanto a una persuasione manipolatoria c'è comunque una persuasione non manipolatoria, che è la più diffusa. Mentre la manipolatoria è occasionale, si verifica solo in circostanze particolari, la persuasione non manipolatoria pervade la comunicazione, c'è praticamente sempre. Come mai?

Quella non manipolatoria è una persuasione funzionale, senza la quale non riusciremmo a comunicare e nemmeno a elaborare conoscenze sulla realtà. Ricerche che vanno dalla linguistica alla semiotica, la sociologia, la psicologia hanno messo in evidenza che per riuscire a comunicare dobbiamo sintonizzarci e trovare un punto d'incontro che ci permetta di dialogare [43, 44, 45, 46, 47, 48, 49, 50].

Ognuno di noi porta con sé un vasto mondo mentale. Quando comunichiamo, dobbiamo accordarci su qual è lo spazio di conoscenza in cui ci muoviamo e su che cosa può essere dato per scontato o meno. Ad esempio, se facciamo considerazioni su un fatto di cronaca, dobbiamo stabilire assieme se tutti ne siamo al corrente, altrimenti chi è informato deve prima raccontarlo agli altri. Dob-

Tipo	Caratteristiche	Manipolazione
funzionale	pervade la comunicazione e serve a sintonizzarsi e conoscere la realtà	assente
strumentale	l'emittente sospende il giudizio su ciò che è vero o giusto e usa la comunicazione per ottenere l'effetto desiderato sul destinatario	presente bassa
menzognera	l'emittente sa che il contenuto della persuasione è falso o ingiusto, mentre il destinatario lo ignora	presente alta
coercitiva	emittente e ricevente sanno che il contenuto della persuasione è falso o ingiusto, ma l'emittente fa leva su minacce	presente alta

Tipi di persuasione

biamo poi accordarci su come strutturiamo la relazione, su qual è la posizione di ciascuno di noi e su come sono i rapporti. Ad esempio, uno è un potenziale cliente, l'altro un venditore e c'è disponibilità a trattare l'affare da entrambe le parti oppure uno è in posizione di esperto e l'altro di chi è interessato ad avere informazioni in materia.

Alla sintonia si arriva attraverso un fine lavoro di negoziazione, fatto di azioni persuasive dell'uno nei confronti dell'altro. Ad esempio, mentre sto consultando un esperto su un mio problema, posso prendere l'iniziativa di suggerire un'idea, come fa Giulia nel dialogo con l'oncologo. L'esperto può cominciare a parlare della mia idea, col che implicitamente accetta che si discuta della mia proposta. Potrebbe poi fare un aggiustamento, cominciando a ragionare su punti di forza e di debolezza dell'idea alla luce di conoscenze tecniche, col che ridà peso alla sua posizione di esperto. Se gli vado dietro, faccio a mia volta una concessione, accetto che sia lui a guidare la discussione in veste di esperto.

Solitamente non ci rendiamo conto di queste negoziazioni, perché avvengono tacitamente, insensibilmente. Solo quando nella contrattazione le cose non vanno lisce, ma capita un incidente, come nella vicenda di Giulia, ci accorgiamo che per riuscire a comunicare dobbiamo entrare in sintonia e che questo richiede un'opera persuasiva di negoziazione.

La persuasione non manipolatoria, oltre che a far funzionare la comunicazione, serve a costruire conoscenze sulla realtà. Abitualmente pensiamo che la nostra mente costruisce conoscenze interagendo col mondo esterno, raccogliendo stimoli ed elaborandoli. La comunicazione verrebbe dopo per far accedere l'altro ai pensieri della nostra mente, per trasferire ciò che abbiamo elaborato in privato. Nella tradizione filosofica ha dominato l'idea che il pensiero è qualcosa di privato che matura nel rapporto tra individuo e realtà. Anche la psicologia cognitiva si regge su questo presupposto, tant'è che si concentra su attività mentali, come la percezione, l'attenzione, la memoria, il ragionamento, la soluzione dei problemi, le decisioni. Sembra proprio invece che per costruire conoscenze abbiamo bisogno anche di comunicare.

Molte conoscenze si costruiscono discutendo con gli altri, più che facendo lavorare la mente in privato. Anche quando elaboriamo conoscenze in solitudine, ricorriamo a un dialogo interiore: c'è una parte di noi che prende una posizione, un'altra che ne prende un'altra e dalla discussione scaturiscono le nostre convinzioni. In ogni caso, che dialoghiamo con gli altri o dentro di noi, per costruire conoscenze è fondamentale la persuasione. Si tratta di una persuasione non manipolatoria, in cui le parti discutono per arrivare a capire come effettivamente stanno le cose, per avanzare assieme nella conoscenza della realtà.

In psicologia il costruttivismo sociale ha suscitato dibattiti, sostenendo che la realtà, almeno in parte, è una nostra costruzione, che definiamo comunicando con gli altri [51, 52, 53, 54]. Perciò la psicologia deve cambiare oggetto di studio: non deve incentrarsi sulla mente, ma sulla comunicazione [55, 56].

Nell'entroterra intellettuale del costruttivismo sociale ci sono anche movimenti relativisti e antiscientifici, come il postmodernismo, che arriva a concludere che tutte le conoscenze, compresa quella scientifica, sono relative e sullo stesso piano. Sono tutte frutto di una negoziazione che facciamo nella comunicazione, per cui nessuna può pretendere di essere superiore. La conoscenza scientifica in quest'ottica è una delle grandi narrazioni – come le chiama Lyotard – cioè una delle costruzioni discorsive che fingono di essere verità [57]. A ben guardare, però, possiamo tranquillamente prendere atto del fatto che la conoscenza si costruisce attraverso la comunicazione persuasiva senza arrivare a questi estremismi. Nulla vieta che ci sia discussione e discussione e che ci sia una bella differenza tra le convinzioni che emergono da un dibattito in seno alla comunità scientifica e quelle che emergono in un qualsiasi confronto di opinioni.

Svelando il valore funzionale della persuasione la psicologia ha contribuito decisamente alla rivalutazione contemporanea della retorica. Nell'antica Grecia la retorica, coltivata dai Sofisti, era stata duramente condannata da Platone, perché confonde il consenso con la verità e impedisce la conoscenza autentica. La condanna ha continuato a pesare nei secoli, fino a quando nel Novecento la retorica è stata riabilitata ad opera di filosofi quali Toulmin e Perelman.

Alla base dei tradizionali giudizi negativi sulla retorica c'è un errore di prospettiva. Si pensa all'arte di manipolare con la persuasione o allo stile, all'arte di abbellire i discorsi. Si dimentica che c'è una retorica produttiva, che serve a confrontarsi con gli altri per pensare assieme e capire come stanno le cose. Negli anni Ottanta la retorica è stata apertamente rivalutata negli studi di psicologia della comunicazione. Michael Billig, rifacendosi esplicitamente ai Sofisti, sostiene che la conoscenza si costruisce grazie allo spirito di contraddizione [58]. Il gruppo dell'Istituto di Ricerca sulla Comunicazione ha insistito sul concetto di retorica dinamica, che permea la comunicazione e fa persuasione non manipolatoria [59, 60]. Del resto le ricerche di psicologia hanno portato anche a riconsiderare le figure retoriche, dimostrando che sono di aiuto al pensiero intelligente e anche fondamentali nei ragionamenti e nelle scoperte scientifiche [61, 62, 63, 64].

A questo punto possiamo tornare a riflettere sul potere e l'empowerment, facendo tesoro degli studi sulla persuasione. Nella persuasione manipolatoria esercitiamo un *potere su*. Sfruttando leve e strategie della persuasione, il persuasore fa valere o tenta di far valere la propria volontà, anche se questo è contro l'interesse del destinatario. Quando invece siamo impegnati nella comune persuasione funzionale esercitiamo *potere con*. Lavoriamo infatti di concerto a far funzionare la comunicazione tra noi e a costruire conoscenze che ci permettano di decifrare la realtà, trovare soluzioni a problemi e decidere come muoverci. Ecco un altro esempio di *potere con* presente nei rapporti della vita quotidiana, un *potere con* che esercitiamo continuamente, ogni volta che comunichiamo.

Nel lavoro di empowerment prevale la persuasione non manipolatoria. Torniamo con la mente alla vicenda di Giulia. Quando propone la metronomica sta facendo un'operazione di persuasione funzionale, che da un lato cerca di avviare un dibattito sull'argomento per vederci più chiaro, dall'altro di ridefinire la relazione in modo che ci sia spazio per il dialogo. L'oncologo interviene con un'operazione di persuasione manipolatoria, che impedisce l'empowerment. Ecco un'altra cosa che possiamo chiederci per capire se davvero stiamo facendo empowerment: quale tipo di persuasione portiamo avanti nella nostra comunicazione?

Il problema del rapporto tra i poteri

Quando facciamo empowerment lavoriamo essenzialmente a far crescere il *potere con* di persone, gruppi, organizzazioni, comunità. Le realtà in cui operiamo però sono gestite anche da autorità, da soggetti in cui è concentrato un certo *potere su*. Va gestito il rapporto tra i due poteri.

Per realizzare un programma di empowerment il primo passo è avere il consenso di chi ha autorità in quell'ambito. Possiamo fare empowerment dei pazienti se i professionisti della sanità e le istituzioni che erogano il servizio sono d'accordo. Un lavoro di empowerment in un'organizzazione richiede che i vertici approvino il progetto, come pure gli interventi a favore di gruppi discriminati o di popolazioni povere richiedono l'impegno di governi e agenzie internazionali. Oggi di solito non è difficile ottenere che programmi di empowerment siano autorizzati. Proprio il fatto che l'empowerment è una parola d'ordine, che affascina ed è accolta con favore rende abbastanza agevole questo passaggio [65].

Per il successo dell'iniziativa non basta però che le autorità preposte acconsentano. Devono fare la loro parte, al movimento dal basso deve accompagnarsi un movimento dall'alto. Mettiamo che in un progetto di empowerment organizzativo in un ospedale gli operatori lavorino assieme a ideare strategie per ridurre disfunzioni, che peggiorano il servizio e guastano i rapporti tra colleghi. Se le strategie ideate rientrano nella sfera delle attività che controllano, potranno attuarle di propria iniziativa, in autonomia. Se solo però si tratta di rifare una cartellonistica, varare una procedura aziendale o istituire un nuovo servizio, l'esito dipenderà dalle decisioni dei vertici.

Quando chi ha l'autorità non fa la propria parte, i programmi di empowerment falliscono o non ottengono i risultati che potrebbero ottenere. Purtroppo capita che chi è in posizione di autorità incontri spesso difficoltà oggettive a compiere certe azioni. D'altra parte i programmi stessi di empowerment forniscono alle autorità un alibi: l'averli avviati fa sentire a posto e consente di salvare la faccia, anche se poi non si realizzano le cose che andrebbero realizzate.

Nei programmi di sviluppo del Terzo Mondo questo fenomeno sembra rilevante ed è stato spesso segnalato. Ad esempio, Fiedrich e colleghi [66], analizzano un progetto di educazione di adulti in Bangladesh ed Uganda e notano che, al di là dell'enfasi delle agenzie, i risultati sono stati limitati, perché sono venute meno le necessarie politiche di cambiamento strutturale e ridistribuzione delle risorse. Le persone che avevano partecipato al progetto cercavano un rapporto clientelare con i formatori, testimoniando così che il lavoro non li aveva realmente autonomizzati, a causa delle barriere che impedivano loro di affermarsi nella realtà in cui erano. L'insuccesso dei progetti tende a generare frustrazione nelle persone interessate, destinatari o operatori che ci lavorano.

Chi è in posizione di autorità è chiamato anche a imporsi quando le circostanze lo richiedono. È il caso, ad esempio, del problema della tradizione scientifica. Da un lato nell'ottica dell'empowerment non va vietato ai non specialisti l'accesso al sapere. Dall'altro l'esperto deve ribadire che la conoscenza scientifica non può essere oggetto di opinione e messa sullo stesso piano del senso comune. Finisce così per avere il compito di educare alla visione scientifica, svelando una delle caratteristiche fondamentali della scienza: che è autoritaria. Al suo interno è antidogmatica, ma è dogmatica all'esterno, dato che le verità scientifiche possono essere messe in discussione solo con la ricerca scientifica.

Nel mondo di oggi questo compito educativo degli esperti è particolarmente importante, dato che l'erosione delle tradizioni provoca una situazione paradossale, in cui ci si affida alla scienza per risolvere i problemi e al tempo stesso non si tiene la scienza nella dovuta considerazione. Peraltro l'esperto, quando svolge il suo compito di richiamo all'autorità scientifica, deve farlo con saggezza, con elasticità, sapendo e chiarendo che la scienza non può essere mitizzata, che ha i suoi limiti e soprattutto che l'esistenza e la vita umana non possono essere ridotte alle nostre conoscenze scientifiche.

Per realizzare programmi di empowerment è necessario un dialogo autentico tra quelli che stanno accrescendo il proprio *potere con* (allievi, pazienti, lavoratori di un'azienda, comunità svantaggiate, ecc.) e chi detiene *potere su* (docenti, medici, vertici aziendali, vertici istituzionali, governanti, ecc.) in quelle sfere. Evidentemente l'empowerment, a qualsiasi livello non è un'iniziativa che può essere presa alla leggera. Rappresenta una sfida, davvero ardua.

Tre problemi per comprendere la portata attuale dell'empowerment

Le origini dell'idea di empowerment sono legate agli sforzi di supportare le componenti più deboli della società, di dar voce a queste e porre rimedio alle disparità. Attraverso un'opera di empowerment si è pensato di educare gli oppressi, migliorare la condizione dei poveri del mondo, di categorie e gruppi discriminati o emarginati, inserire nella comunità persone con disturbi mentali o di far partecipare il paziente alle cure superando il tradizionale paternalismo della medicina. L'empowerment può essere sicuramente utile per migliorare la condizione dei più deboli, ma abbiamo buoni motivi per pensare che nel mondo di oggi serve a tutti noi, anche a chi apparentemente non è in posizione debole.

I cambiamenti in atto nel mondo di oggi ci rendono in qualche misura tutti deboli. Persone, gruppi, organizzazioni, comunità incontrano difficoltà ad avere padronanza sulle loro faccende. Anche chi è strutturalmente in posizione di potere ha bisogno di rafforzarsi. L'empowerment oggi è qualcosa di portata generale, che occorre dappertutto.

Il fenomeno ha radici complesse. Parecchi fattori, intrecciandosi, concorrono a creare condizioni nuove che richiedono di rafforzarsi. Può aiutarci a capire come mai l'empowerment sta diventando di portata generale esaminare tre problemi che oggi abbiamo davanti. Uno è quello della cognizione distribuita, il problema di riuscire a usare al meglio le risorse che abbiamo fuori di noi e che possono renderci più intelligenti. Il secondo è il problema della sicurezza, della gestione del rischio in ogni ambito, dalle attività industriali ai trasporti, alla sanità, alla vita quotidiana. Le ricerche scientifiche degli ultimi decenni hanno cambiato radicalmente le nostre idee sulla sicurezza e hanno portato a un approccio nuovo, che richiede di rafforzare individui e organizzazioni. C'è poi il problema del paradosso dei life skills, legato al fatto che da un lato le trasformazioni sociali in atto rendono indispensabili certe abilità, dall'altro le stesse trasformazioni ne inibiscono lo sviluppo.

La cognizione distribuita

La nozione di cognizione distribuita è alquanto semplice, quasi ovvia. Le nostre prestazioni mentali, i risultati che riusciamo a ottenere con la nostra mente, non dipendono solo da noi, da quanto siamo capaci come individui. Dipendono dall'interazione tra la nostra mente e il mondo circostante. Variano a seconda degli oggetti che ci circondano, degli strumenti di cui disponiamo, delle persone con cui abbiamo a che fare e a seconda di come ci rapportiamo a cose e persone intorno a noi.

La stessa persona, con la sua stessa mente, le sue conoscenze e le sue abilità, può avere prestazioni eccellenti in un contesto e pessime in un altro. Due persone nello stesso contesto possono avere prestazioni molto diverse, anche se le loro capacità individuali sono all'incirca le stesse. Può accadere se una delle due riesce a rapportarsi in modo più vantaggioso agli oggetti, agli strumenti, alle persone presenti in quell'ambiente.

Tutto ciò che ci circonda può migliorare le nostre prestazioni o al contrario peggiorarle. Una lunga tradizione di studi sulla facilitazione e inibizione sociale, che dalle origini della psicologia arriva ai nostri giorni, dimostra che le altre persone possono influire in modi opposti sul nostro rendimento a seconda delle circostanze. Come ha chiarito Robert Zajonk in un famoso articolo del 1965, un fattore decisivo è il grado di difficoltà del compito [67].

Se siamo impegnati in un compito per noi facile, che svolgiamo in automatico, il fatto che ci siano gli altri ci fa rendere di più, a meno che non ci distraggano in momenti inopportuni, facendoci commettere così lapsus, errori di attenzione. Le cose vanno diversamente nei compiti che impegnano la nostra intelligenza. Gli altri tendono a peggiorare, a volte drasticamente, il nostro rendimento nella misura in cui sono motivo di ansia sociale, perché tra noi qualcosa non va, non ci apprezzano, ci giudicano o semplicemente ci fanno sentire osservati. Le ricerche recenti indicano che l'ansia sociale può avere effetti devastanti sulle nostre prestazioni mentali, dato che non si limita a sottrarre risorse mentali, ma attraverso gli ormoni dello stress, agisce sul cervello, gettandolo in uno stato di malfunzionamento [68, 69, 70]. D'altra parte però, se non si crea ansia sociale, gli altri sono per noi una risorsa straordinaria. Possono avere informazioni e conoscenze che a noi mancano e possono anche esserci di grande aiuto a sfoderare quelle abilità necessarie per analizzare i problemi e decidere intelligentemente, come la razionalità o la saggezza o la gestione delle emozioni.

Un discorso analogo vale per gli oggetti che ci circondano. Il cruscotto della mia automobile può essere strutturato in modo da facilitarmi la guida e ridurre il rischio di incidenti o essere invece progettato male e costringermi a fare operazioni inutili o che sarebbe meglio non fare. La mia cucina può essere strutturata in modo che il lavoro scorra più o meno bene.

Ci sono poi gli strumenti, i supporti creati apposta per aiutare il lavoro della nostra mente. Vanno dai più semplici, come la lista della spesa sul frigorifero o gli impegni della giornata in agenda, ai testi da consultare, alle rappresentazioni grafiche, a strumenti più sofisticati, come Internet o app o software. Gli strumenti sono aiuti per la memoria, ci consentono di approvvigionarci di informazioni quando ci servono, ma ci mettono anche in grado di pensare secondo modalità che non riusciremmo ad attuare senza il loro supporto.

Sebbene siano pensati appositamente per migliorare le nostre prestazioni, anche questi non sempre ci facilitano e a volte risultano anche controproducenti. Ad esempio, le comuni prescrizioni mediche non funzionano del tutto bene come aiuti per la memoria del paziente, specie quando ci sono più medicine da prendere in orari diversi.

Di regola le prescrizioni riportano il nome della medicina e di seguito come prenderla. Ecco un esempio:

Inderal
una compressa tre volte al giorno (colazione, pranzo e cena)
Lanoxin
una compressa a colazione
Carafate
una compressa quattro volte al giorno (colazione, pranzo, cena e prima di coricarsi)
Zantac
una compressa ogni 12 ore (pranzo e prima di coricarsi)

Quinaglute

una compressa quattro volte al giorno (colazione, pranzo, cena e prima di coricarsi)

Coumadin

una compressa al giorno (prima di coricarsi)

Questo modo di prescrivere risponde alla logica del medico, che pensa ai farmaci di cui il paziente ha bisogno e per ciascun farmaco a come va preso. Va bene anche per il farmacista, che deve andare a prendere uno per uno i farmaci prescritti. Ma i ricercatori hanno scoperto che una percentuale consistente di pazienti, dal 10 al 30% a seconda della complessità delle prescrizioni, non riesce a ricordare i farmaci da prendere. I portapillole con scomparti su cui è scritta l'ora possono aiutare, ma non risolvono il problema. La psicologa Ruth Day [71] ha trovato una soluzione tanto semplice quanto efficace: scrivere le prescrizioni in tabelle a doppia entrata.

Con la tabella a doppia entrata gli errori dei pazienti praticamente scompaiono. La cosa si spiega perché la tabella tiene conto di come funziona la nostra memoria prospettica, la memoria delle cose da fare in futuro. Dobbiamo ricordare il "che cosa" e il "quando", ma per la nostra mente è più semplice partire dal

	colazione	pranzo	cena	prima di coricarsi
Lanoxin	✓			
Inderal	✓	✓	✓	
Quinaglute	✓	✓	✓	✓
Carafate	✓	✓	✓	✓
Zantac		✓		✓
Coumadin				✓

Prescrizione con tabella a doppia entrata

L'aggancio che funziona meglio per ricordare il "quando" è un'attività ripetitiva della giornata, come i pasti o il coricarsi. Per non commettere errori il paziente deve poter partire dal ricordo del "quando" e di qui arrivare al "che cosa". Il cammino inverso è più impegnativo, perché richiede di avere in mente lo schema terapeutico mentre si è immersi nelle vicende della vita quotidiana con la loro scansione.

"quando" e arrivare al "che cosa", piuttosto che fare il percorso contrario. La tabella a doppia entrata consente di andare dal "quando" al "che cosa" e anche di fare una verifica, partendo dai "che cosa".

Le prescrizioni mediche per i pazienti sono un esempio di strumenti che funzionano poco. Può accadere però che gli strumenti risultino addirittura controproducenti e peggiorino le nostre prestazioni. È quel che succede, ad esempio, quando documentandosi sul web una persona si forma convinzioni errate o quando l'uso di device porta a orientare la concentrazione in modo disfunzionale. Norman, pioniere degli studi sulla cognizione distribuita, chiarisce bene che gli strumenti sono armi a doppio taglio.

Ho due notizie da darvi sulla tecnologia: quella buona e che può farci intelligenti, ed effettivamente lo ha già fatto [...] Ma... la cattiva notizia è che la tecnologia può renderci anche stupidi.

Nonostante sia quasi ovvia, la nozione di cognizione distribuita si è affermata solo verso la fine del Novecento. L'idea che la nostra mente è un elaboratore che opera in isolamento e può contare solo sulle proprie forze, oltre che radicata nel senso comune, si ritrova nella tradizione filosofica. A lungo ha dominato anche in psicologia e nelle altre scienze cognitive.

Gli psicologi cognitivi hanno stentato a rendersi conto che le prestazioni mentali sono legate all'interazione con l'ambiente, perché fino agli anni Settanta hanno privilegiato le ricerche di laboratorio. Invece di studiare le prestazioni mentali nei contesti reali di vita quotidiana, avevano preferito condurre esperimenti in cui a individui isolati si chiedeva di svolgere compiti in situazioni artificiose. In convegni degli anni Settanta comincia un'autocritica degli stessi psicologi cognitivisti, che culmina nella pubblicazione del libro di Ulrich Neisser, *Cognition and reality*, del 1976, che inaugura l'approccio ecologico. Il nuovo approccio sostiene che le prestazioni mentali vanno studiate mentre le persone sono immerse nei contesti reali di vita quotidiana, dove la mente con ogni probabilità funziona in modo diverso rispetto a quando viene messa a lavorare in isolamento dentro un laboratorio.

Con l'approccio ecologico arrivano in effetti scoperte che fanno rivedere certe convinzioni precedenti sulle prestazioni mentali. Ad esempio, nelle prove di laboratorio gli anziani mostravano di avere una memoria peggiore dei giovani, ma nella vita reale le loro prestazioni di memoria risultavano generalmente paragonabili a quelle dei giovani e in alcuni casi nettamente migliori.

In uno studio di Morris Moscovitch, in cui si chiedeva di fare una telefonata in giorni e orari stabiliti, le prestazioni degli anziani sono risultate nettamente superiori, col 90% di perfetta memoria contro il 20% dei giovani [72]. I giovani avevano troppa fiducia nelle capacità di memoria della propria mente e diversamente dagli anziani non si avvalevano di strategie, come lasciare un biglietto accanto al telefono.

La nozione di cognizione distribuita è entrata però ufficialmente nella tradizione scientifica solo più tardi, negli anni Novanta, grazie al lavoro di Donald Norman e Edwin Hutchins. Norman è interessato più che altro agli oggetti, a come la loro costruzione e la loro disposizione negli ambienti può influire sulle nostre prestazioni. *Things that make us smart* è il titolo del suo libro del 1993, dove analizza tra l'altro pannelli di comando di cabine di pilotaggio di aerei, di navi, di impianti industriali, trovando come siano spesso mal costruiti [73].

Hutchins si è interessato di più a come il rapporto con le altre persone influisca sulle prestazioni mentali, per cui parla anche di *socially distributed cognition*. Viene da una formazione di antropologia culturale ed è abituato a pensare che insieme le persone possano darsi organizzazioni che consentono loro di svolgere attività che non riuscirebbero a fare da soli. Si trova a lavorare per la Marina Militare e, analizzando quel che accade su una nave, si accorge che c'è un'intelligenza distribuita, grazie alla quale la nave può essere pilotata. Il titolo del suo libro è *Cognition in the wild*, per sottolineare che quando studiamo la mente nell'ottica della cognizione distribuita la vediamo al suo stato naturale, "selvaggio" [74].

La sfida della cognizione distribuita

Il rapporto con l'ambiente può migliorare come peggiorare le nostre prestazioni mentali. Nel complesso però il fatto di non essere isolati, di avere attorno gli altri, le cose, gli strumenti, ci avvantaggia. Non riusciremmo a fare tutto ciò che facciamo, se dovessimo fare affidamento solo sulla nostra mente.

Anche se abitualmente traiamo vantaggio dalla cognizione distribuita, le potenzialità di questa sono di gran lunga superiori a quelle che sfruttiamo. Ci sono barriere, ostacoli che ci fanno sottoutilizzare o utilizzare male le risorse presenti nell'ambiente e in grado di migliorare le nostre prestazioni mentali. Oggi le potenzialità della cognizione distribuita sono enormemente cresciute, specie per effetto dello sviluppo tecnologico, in particolare per le nuove tecnologie della comunicazione, a cominciare da Internet.

Sul web possiamo rapidamente controllare come si scrive una parola di un'altra lingua, verificare il cambio attuale euro/dollaro, analizzare l'andamento di questo cambio negli ultimi anni, reperire articoli di leggi o altre norme che ci interessano, trovare pesi molecolari e fare calcoli di concentrazione molare magari semplicemente adoperando un calcolatore predisposto, come possiamo passare in rassegna la recente letteratura scientifica su un argomento, ad esempio quello di cui ci stiamo occupando qui, digitando *"distributed cognition"*.

Fin da quando è nata, la scrittura ha potenziato le prestazioni della mente umana, consentendo, ad esempio, di tenere l'inventario dei magazzini, i registri contabili o altri documenti e fornendo così una memoria artificiale più affidabile [75]. Successivamente con la stampa e ancor più con le nuove tecnologie la scrittura è divenuta una risorsa davvero straordinaria.

Internet ci permette anche di consultarci con altri a distanza, allargando il raggio delle persone che possono contribuire alle nostre prestazioni mentali. I software, accanto a calcoli relativamente semplici, ne permettono altri davvero impensabili per la nostra mente isolata. Ad esempio, ci mettono in condizione di stimare la probabilità che un evento accada o sia accaduto sulla base di analisi multifattoriali, che tengono conto di numerosi fatti che conosciamo e che intrecciandosi in vario modo possono influire sull'evento che ci interessa. Così, inserendo semplicemente dei dati, sfruttiamo complessi modelli matematici e algoritmi che i ricercatori hanno costruito. Ci sono software in grado di assisterci anche nell'apprendimento e migliorare nel tempo le nostre prestazioni, come i calibratori di giudizio, che ci aiutano ad autovalutarci correttamente.

La sfida della cognizione distribuita si profila quando riflettiamo sulla contraddizione tra le potenzialità che il mondo oggi ci offre e gli ostacoli che ci impediscono di sfruttarle. Possiamo migliorare molto le nostre prestazioni mentali, ma tendiamo a farlo poco, perché non facciamo interagire abbastanza le nostre menti con gli ambienti circostanti. Continuiamo a far troppo affidamento sulle risorse della mente isolata, "disincarnata", come dice Norman. Non solo sottoutilizziamo le risorse che l'ambiente ci offre, ma, quando le usiamo, spesso lo facciamo male, in modo poco efficiente se non controproducente.

Possiamo rintracciare la contraddizione nelle organizzazioni produttive. A volte gli ambienti fisici potrebbero essere utilmente ristrutturati tenendo conto dei problemi di cognizione distribuita.

cognizione distribuita

le opportunità sono in aumento

le opportunità sono poco o male utilizzate

Il paradosso attuale della cognizione distribuita

Spesso, andando ad analizzare le attività quotidiane, ci si rende conto che potrebbero essere ideati e introdotti strumenti anche semplici in grado di supportare gli operatori. Invece si continua a lasciare che le persone se la cavino con le loro menti isolate, ad esempio omettendo di fornire procedure scritte o diagrammi o tabelle da consultare. Capita che gli impiegati alle prese con un problema, ad esempio tecnico o giuridico, non si consultino con colleghi che possono essere d'aiuto e non vadano a cercare su Internet informazioni che potrebbero risultare dirimenti. Nelle organizzazioni le barriere alla cognizione distribuita sono diverse, a cominciare dal fatto che in genere si sottovaluta l'impatto che può avere sulla produttività e sulla qualità della vita lavorativa promuovere la cognizione distribuita.

La sfida della cognizione distribuita è di particolare interesse nel campo delle professioni. I professionisti possono trarre grande giovamento dall'abitudine alla cognizione distribuita. Consideriamo un'attività come quella medica. La cognizione distribuita consente di realizzare nuove forme di aggiornamento e formazione e di alzare il livello di qualità e sicurezza delle prestazioni.

Tradizionalmente i medici si aggiornano studiando per conto proprio, andando ai congressi, partecipando a corsi di formazione. Oggi un medico può accedere a un motore di ricerca scientifico e, se sufficientemente abile, in breve tempo consultare linee guida o gli ultimi sviluppi della ricerca su un tema. Può impostare la sua ricerca a partire da un caso clinico di cui si sta occupando o da un problema che ha riscontrato nell'esercizio della professione, ad esempio definire il percorso diagnostico più adatto in certe situazioni. Nulla vieta che la ricerca sia condotta di concerto con colleghi della stessa specialità o di altre specialità, che ci si confronti nel gruppo di studio e che si estenda poi il confronto ad altri. Un aggioramento del genere ha il pregio di essere tagliato su misura, centrato su problemi che effettivamente il professionista incontra. Ha anche ricadute positive sulla collaborazione tra colleghi e sull'intera organizzazione. Fatto non meno interessante, autonomizza: i professionisti imparano ad aggiornarsi accedendo diret-

tamente alla scienza, senza dipendere sempre da esperti e formatori, da altri incaricati di mediare tra scienza e operatività.

Di grande utilità nella formazione dei professionisti della salute sono i software per elaborare curve di calibratura. In medicina abitualmente ci si trova a esprimere giudizi probabilistici, non
di certezza. Come fa un medico a stabilire quanto è affidabile il
proprio giudizio? Abitualmente i medici si basano su impressioni
e ricordi. A rigore però bisognerebbe costruire curve di calibratura, cosa che appositi software consentono di fare agevolmente.
Ogni volta che esprimo un giudizio, quantifico la probabilità che
secondo me ha di essere corretto e poi vado a riscontrare se sta-
tisticamente le mie previsioni collimano coi fatti. Ad esempio, se
10 volte ho fatto un prelievo per la batteriemia e in tutti e 10 i casi
ho stimato del 100% la probabilità che l'emocultura fosse posi-
tiva, devo avere 10 emocolture positive su 10.

Le ricerche empiriche indicano che i medici tendono all'overconfidence, cioè che sovrastimano l'affidabilità dei loro giudizi. In
uno studio di Poses e Anthony in 227 casi di sospetta batteriemia
i medici mostravano una chiara overconfidence, arrivando addirittura a esprimere stime di positività del 100% che poi si rivela-
vano del 40% [76].

L'overconfidence ha effetti dannosi, non solo perché fa commettere errori, ma anche perché spinge a evitare la cognizione distribuita [77]. Il medico che si fida molto dei propri giudizi non
sente il bisogno di consultare la letteratura, confrontarsi con i colleghi, avvalersi di linee guida, procedure o altri strumenti. Si crea
una spirale di supponenza e ignoranza, che il semplice uso di un
software può rompere. Col software il clinico può facilmente sco-
prire quanto i suoi giudizi sono di fatto affidabili. Questo gli permette di valutarsi più realisticamente e al tempo stesso di affinare
le proprie abilità di giudizio.

L'uso di software permette di fare valutazioni altrimenti praticamente impossibili. Ad esempio, nello screening mammario,
possiamo servirci di un software per calcolare la probabilità che
una donna ha di avere un cancro al seno sulla base dei fattori di

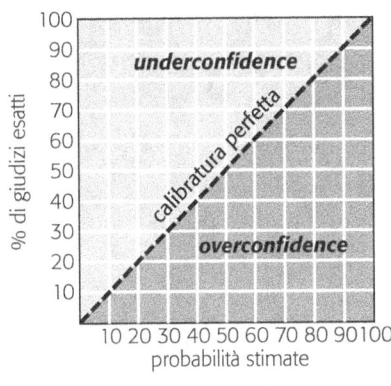 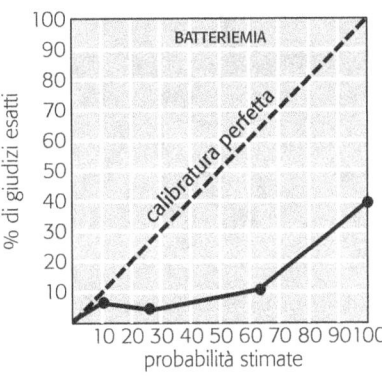

Curve di calibratura dei giudizi

A sinistra vediamo una curca di calibratura perfetta, che sta a indicare una valutazione ineccepibile dell'affidabilità dei propri giudizi. Quando la curva di calibratura è perfetta, a tutte le probabilità stimate corrisponde un'eguale frequenza di giudizi esatti. Le curve che si discostano dalla calibratura perfetta indicano overconfidence, se le stime sono sistematicamente superiori alle percentuali di giudizi esatti, e underconfidence in caso contrario. A destra è riportata la curva di calibratura emersa dallo studio sulle batteriemie di Poses e Anthony [76]. Come si vede, i medici sicuri al 100% della positività dell'emocultura in realtà avevano ragione nel 40% dei casi. Questo significa che verosimilmente in attesa delle risposte hanno trattato con antibiotici pazienti che non ne avevano bisogno.

rischio. Dietro il calcolo che fa il software ci sono modelli matematici e complicati algoritmi. Senza quel calcolo il clinico avrebbe solo delle vaghe impressioni e farebbe valutazioni grossolane.

I software sono di aiuto anche per la sicurezza. Quando il medico adopera più farmaci contemporaneamente, deve chiedersi se non ci siano interazioni tra questi farmaci che possono risultare dannose. Certe interazioni minacciano la vita stessa. Oggi a disposizione del medico ci sono software, costantemente aggiornati in base ai dati della letteratura scientifica, che segnalano le interazioni. Basta digitare i nomi dei farmaci. Tenere a memoria tutte le interazioni note è un'impresa davvero ardua e oltre tutto è poco sensata, visto che le informazioni sono accessibili in qualsiasi momento.

La professionalità dei medici viene migliorata significativamente anche da strumenti molto semplici, come i grafici. Quando si tiene sotto monitoraggio un parametro (markers tumorali, emoglobina, enzimi epatici, ecc.), solitamente ci si limita a fare raffronti mentali tra i valori di determinazioni successive. A volte si vanno a rivedere i valori precedenti, a volte ci si fida della memoria. In ogni caso raramente si sente il bisogno di tradurre l'andamento in grafici. Così si rischia di commettere errori: non valutare correttamente l'entità di certe variazioni, non rendersi conto che, a dispetto delle oscillazioni, l'andamento è stabile, non cogliere i nessi tra movimenti di parametri diversi e via dicendo.

In medicina può essere di grande aiuto anche il confronto tra colleghi, che pure le tecnologie della comunicazione possono favorire. Ad esempio consentono di chiedere un parere a distanza a un centro superspecialistico o di inviare immagini di esami radiologici o istologici e confrontarsi sulla loro interpretazione.

Per i medici, come per gli altri professionisti, i vantaggi della cognizione distribuita sono evidenti. Eppure nelle professioni la cognizione distribuita resta sottoutilizzata. Gli ostacoli principali sono culturali e in buona parte legati al modo tradizionale d'intendere la competenza professionale e le professioni.

Siamo abituati a considerare la competenza professionale alla stregua di un possesso che la persona ha. Questo modo di vedere implica una serie di convinzioni, che, non appena si comincia a ragionare in termini di cognizione distribuita, finiscono per essere ribaltate. La cognizione distribuita richiede di cambiare paradigma, di passare a una nuova concezione, in cui le competenze sono distribuite dinamicamente tra mente del professionista e ambiente, non sono le sue.

Cambiare paradigma è oggettivamente difficile. Per come sono intese le professioni nella nostra civiltà, il possesso di competenze è alla base del riconoscimento dello status e del ruolo del professionista. Un medico è medico e si distingue da un non medico in quanto possiede competenze in materia sanitaria che gli altri non posseggono. La formazione professionale è impostata in quest'ot-

possesso personale	distribuzione dinamica
• Le competenze hanno sede nell'individuo	• Le competenze sono distribuite: si trovano oltre che in sé in cose (testi, tecnologie, supporti) e negli altri
• Sono definite	• Si definiscono volta volta a seconda delle richieste
• Sono accessibili e pronte all'uso	• Vanno attivamente cercate o recuperate dalla memoria avvalendosi di aiuti e supporti
• In ogni momento sono frutto del curriculum formativo pregresso	• Il curriculum pregresso fornisce semplicemente la strumentazione intellettiva per costruire di volta in volta le competenze che occorrono
• Sono alla base della professionalità	• L'identità professionale si basa sull'impegno profuso e sull'inserimento in un sistema di standard adeguato più che sul sapere individuale accumulato
• Il professionista è autonomo, nel senso che trova in sé ciò che gli occorre per esercitare la sua professione	• Il professionista dipende dall'ambiente in cui opera, giacché trova ciò che gli occorre intorno a sé, oltre che in sé
• Le competenze fanno sentire all'altezza delle richieste e immuni da rischi	• Le competenze fanno sentire ignoranti, creano tensione conoscitiva (interrogativi, ipotesi da verificare) e sono motivo di inquietudine per i rischi

I due paradigmi di competenza professionale a confronto

tica: mira a preparare persone che garantiscono un buon servizio professionale perché depositarie di un sapere specialistico. Per il professionista sentirsi in possesso delle competenze del settore è parte della propria identità. Gli altri del resto tendono a guardare a lui in questo modo, a cominciare dai clienti che si rivolgono al professionista. Il diritto spinge nella stessa direzione, presupponendo che il professionista deve sapere certe cose ed è responsabile se non le sa. Alcune professioni sono disciplinate dal diritto, che ne vieta l'esercizio a chi non possiede determinati requisiti.

A ben guardare, i ragionamenti che ci spingono a pensare che per riconoscere le professioni occorre adottare il paradigma del possesso hanno sotto un errore logico. Il professionista si distingue non in quanto possiede perennemente determinate competenze. È tale, un professionista di un dato settore, nella misura in cui è in grado di sfoderare le competenze che occorrono quando occorrono. Non c'è alcun bisogno che le abbia sempre con sé. Questo comporta però un modo più fluido, più flessibile di pensare, poco diffuso nella nostra civiltà, che conserva strutture formali rigide, a dispetto dei grandi cambiamenti che nei fatti la rendono ogni giorno più fluida.

I professionisti stentano ad avvalersi come potrebbero della cognizione distribuita anche perché spesso difettano delle abilità necessarie. Hanno scarso approccio scientifico, coltivano convinzioni ingenue, come nel caso dell'overconfidence, e non hanno quell'abitudine a sentirsi ignoranti che è fondamentale per cercare conoscenze fuori di sé. A volte non hanno abilità funzionali di base, come la conoscenza delle lingue o l'arte di cercare informazioni in un sistema come il web.

Nel mondo delle professioni il problema della cognizione distribuita si pone anche per gli utenti, per quelli che si avvalgono dell'opera dei professionisti. Oggi hanno facile accesso alle conoscenze specialistiche e potrebbero diventare partner dei professionisti, passando a una modalità meno infantile, più matura e responsabile di servirsi dell'opera di esperti. Anche qui però sono di ostacolo le abilità e le barriere culturali. Quando il non specialista si documenta, rischia di trarre poco giovamento dal suo lavoro di ricerca o addirittura di finire fuori strada. D'altra parte il sistema delle professioni scoraggia il suo muoversi in autonomia. Chi lo fa, chi si muove in autonomia, si avventura in un terreno nuovo, dove non è detto che venga ben accolto.

Superare le barriere con l'empowerment

È evidente che c'è bisogno di fare empowerment dei professionisti e di tutti noi che ci serviamo dell'opera di professionisti. Altrimenti non riusciremo a sfruttare gli enormi vantaggi che oggi la cognizione distribuita può offrirci e avremo servizi professionali di più bassa qualità.

Attraverso un lavoro di empowerment possiamo cercare di sviluppare nei professionisti e negli utenti le abilità necessarie. L'empowerment può servire anche a superare le barriere culturali. I professionisti possono arrivare a ripensare la propria professionalità, senza sentirsi sminuiti. Gli utenti possono responsabilizzarsi, acquisire maggiore padronanza e guardare con occhi diversi al rapporto coi professionisti. Come ci ricorda il triangolo di Wilson, occorrono però anche cambiamenti sociali di più vasta portata, a cominciare dalla formazione professionale e dal modo d'intendere il sistema delle professioni. È un lavoro non semplice, da portare avanti assieme, con un movimento corale. Ma forse è ora di cominciare, visti i benefici che possono derivarne.

Anche per potenziare la cognizione distribuita nelle organizzazioni l'empowerment si direbbe lo strumento adatto. Occorre lavorare assieme per ripensare gli ambienti e ideare strumenti di supporto. Vanno superate le barriere che impediscono l'intelligenza collettiva e sviluppate le abilità relazionali che la rendono possibile. È pure necessario superare barriere e sviluppare abilità, se vogliamo che le informazioni oggi accessibili vengano usate correntemente da personale responsabile.

Come la ricerca scientifica
ha cambiato le nostre idee sulla sicurezza

Negli ultimi decenni, grazie in particolare alle ricerche di psicologi quali Jens Rasmussen [78] e James Reason [79], sono emersi con evidenza alcuni principi che hanno cambiato radicalmente il modo tradizionale di intendere i problemi di sicurezza. Alle nuove idee si è arrivati sulla base degli studi condotti in aeronautica e in altri ambiti lavorativi ad alto rischio, come le centrali nucleari o certe industrie chimiche. Successivamente i principi maturati in questi settori produttivi sono stati estesi ad altri settori, compresi i servizi sanitari.

L'errore è radicalmente umano. La psicologia ha dimostrato chiaramente che gli errori rientrano nel normale funzionamento della nostra mente e che perciò si ripetono abitualmente nella nostra esperienza. I latini dicevano *errare humanum est*, ma aggiungevano *sed perseverare diabolicum est*. La psicologia attuale dimostra che anche il perseverare è umano.

I lapsus, ad esempio, sono errori di attenzione che commettiamo nel corso di attività esecutive in gran parte automatiche. Ad esempio, tornando a casa voglio passare al supermercato. Al semaforo per andare a casa devo continuare dritto, mentre per andare al supermercato devo girare a destra. Come sono al semaforo, arriva un'ambulanza. Mi accosto, riparto e vado dritto, accorgendomi solo dopo dell'errore.

Questi errori sono dovuti all'architettura stratificata della nostra mente, che è formata da un gran numero di elaboratori periferici, capaci di svolgere automaticamente e velocemente una gran massa di operazioni, e da un sistema centrale cosciente che li controlla. Morris e Hampson [80] paragonano efficacemente gli elaboratori periferici a impiegati e il sistema centrale al boss.

Quando svolgiamo un'attività, gli elaboratori periferici procedono in automatico e il sistema centrale interviene solo negli snodi, nei momenti in cui c'è da orientare il processo in una direzione o nell'altra. Se siamo distratti da qualcosa, il sistema centrale può non intervenire in un passaggio cruciale e ci scappa il lapsus. È quel che accade al semaforo quando arriva l'ambulanza a distrarci.

Anche se ci espone a rischio di errori, l'architettura stratificata è funzionale e decisamente vantaggiosa. Non riusciremmo a svolgere le attività complesse che abitualmente svolgiamo (guidare un'automobile, leggere, fare un intervento chirurgico, ecc.), se dovessimo controllare tutte le operazioni con la coscienza. Questa nostra mente soggetta a lapsus è ben fatta e paradossalmente certi errori stanno proprio a testimoniare il fatto che abbiamo una mente assai evoluta.

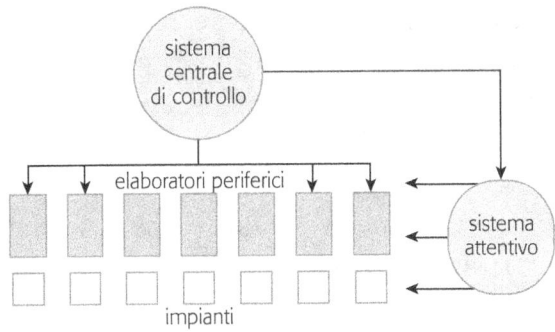

Architettura stratificata della mente

Sono stati proposti diversi modelli gerarchici di architettura della mente. Tutti hanno in comune il fatto di considerare un gran numero di moduli periferici sotto il parziale controllo di un sistema centrale cosciente. I moduli periferici sono elaboratori paralleli estremamente efficienti, che svolgono automaticamente la gran massa delle operazioni mentali. Il sistema centrale è un elaboratore seriale, che fa un'operazione alla volta ed è decisamente più lento. È in grado però di finalizzare l'attività mentale, di orientarla a seconda dei nostri interessi.

Tra l'altro la nostra mente si rivela ben fatta anche nell'errore. In assenza di indicazioni dal sistema centrale, dal boss, gli impiegati, gli elaboratori periferici, procedono per default e fanno la cosa più ovvia in quel contesto. Così al semaforo andiamo dritti, come facciamo di solito tornando a casa.

Anche quando andiamo a studiare altri tipi di errori, come quelli di ragionamento, scopriamo che sono dovuti al modo normale di lavorare della nostra mente, che ha un suo senso. Gli errori di ragionamento sono frutto di bias, distorsioni sistematiche che, se da un lato ci fanno allontanare dalle procedure razionali, dall'altro sono funzionali a certe nostre esigenze, in particolare al bisogno di cavarcela nella vita sociale.

Gli errori sono comuni e sistematici. Proprio in quanto dovuti al funzionamento normale della mente, gli errori sono molto più frequenti di quanto immaginiamo: come dice Reason sono eventi comuni al pari del respirare o del dormire. È solo che noi spesso non ce ne accorgiamo o ce ne dimentichiamo, anche perché nella maggior parte dei casi, fortunatamente, non procurano inconvenienti o si tratta di inconvenienti di poco conto. Ad esempio, commettiamo lapsus ogni giorno. Quando i lapsus sono stati studiati con la tecnica dei diari, chiedendo di annotarli, si è visto che le persone riportano in media un lapsus al giorno. Quelli effettivamente commessi però sono senz'altro di più, dato che di molti le persone non si accorgono e che non annotano tutti quelli di cui si accorgono [81, 82, 83, 84].

Comunemente si pensa che gli errori siano eccezionali, non solo in quanto rari, ma anche nel senso di fuori dalla norma, singolari, unici. Invece gli errori si ripetono continuamente secondo precise regolarità, sono sistematici. I numerosi lapsus di cui facciamo esperienza si possono ricondurre ad alcuni tipi fondamentali, che differiscono per il meccanismo alla base dell'errore. Analogamente gli errori di ragionamento sono dovuti a una serie di bias che si ripetono sempre allo stesso modo nelle stesse situazioni. Ai fini della gestione della sicurezza il fatto che gli errori siano sistematici è un vantaggio: se li conosciamo, se sappiamo quali sono e quando si verificano, possiamo prevederli.

Tutti sbagliano, anche i migliori. Tutti, anche i più esperti, commettono quotidianamente errori e rischiano di essere coinvolti in incidenti. La bravura, contrariamente a quanto si può credere, non mette al riparo dagli errori. È ovvio, se pensiamo che l'errore è radicalmente umano.

Possiamo comunque supporre che la bravura abbia un certo valore protettivo, che riduca il tasso di errore, anche senza portarlo a zero. Questo è vero fino a un certo punto. Può accadere che in una data attività i meno esperti sbaglino di più, ma nel complesso esperti e meno esperti tendono ad avere tassi di errore paragonabili. Come mai?

Una ragione sta nel fatto che nelle organizzazioni lavorative ai più bravi di solito si chiede di svolgere attività più impegnative e di far fronte alle situazioni più difficili, esponendosi così a maggiori rischi. La bravura poi ha effetti paradossali: da un lato rende più capaci di evitare certi errori, dall'altro spinge ad avventurarsi oltre i limiti delle proprie possibilità. Chi ha esperienza di lavori rischiosi sa che a tradire a volte è proprio il senso di sicurezza derivante dalla lunga pratica. A mettere in condizione di sbagliare è l'overconfidence, che peraltro è a sua volta un tipico errore della mente umana.

Errori banali possono provocare incidenti gravi. Quando si verifica un incidente grave, tendiamo a pensare che dietro ci sia un errore grave. Invece non c'è alcuna correlazione significativa tra gravità degli errori e gravità degli incidenti. L'idea che occorrano errori gravi per provocare incidenti gravi è consolatoria, ci lascia credere che il mondo sia più sicuro di quel che è, ma è priva di fondamento.

La gravità dell'incidente è legata alla gravità del contesto di rischio, non dell'errore. Un lapsus ha ricadute banali, se tutto quel che accade è che torno a casa invece di andare al supermercato. Lo stesso tipo di lapsus però in una centrale nucleare, su un aereo o in sala operatoria può avere conseguenze drammatiche.

Gli errori non sono intrinsecamente negativi. Gli errori sono espressione del normale funzionamento della nostra mente. Di per sé sono un fatto naturale e sono neutri. Sono le conseguenze degli errori che possono risultare negative quando una serie di circostanze si combinano sfavorevolmente. D'altra parte ci sono casi in cui gli errori producono effetti benefici. Mettiamo che il supermercato avesse appena chiuso: meglio aver sbagliato al semaforo ed essere tornati dritti a casa.

Solo alcuni errori provocano incidenti. Generalmente si pensa che l'errore comporti quasi sempre l'incidente. Invece la stragrande maggioranza degli errori fortunatamente non provoca incidenti. Quando si fa reporting degli errori, come accade in aeronautica o a volte in sanità, ci si accorge che se ne commettono in continuazione, senza che per questo si incorra in incidenti.

Nell'aeronautica si calcola che solo un errore su trentamila ha conseguenze infauste. Qualcosa di simile accade in medicina. I chi-

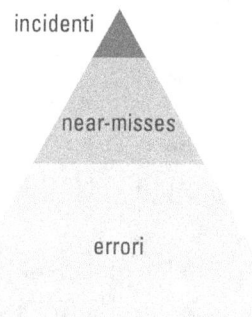

Iceberg delle avversità

Gli errori sono fatti abituali in un'organizzazione, che di solito passano inosservati. Emergono quando si sfiora l'incidente o si verifica un incidente.

Fonte: adattato da Van der Schaaf, Lucas e Hale (1991).

rurghi durante un intervento commettono abitualmente qualche errore, cui pongono subito rimedio o lasciano correre in quanto non incide sul buon esito. Dagli studi risulta che sono molti gli errori diagnostici che restano misconosciuti e non hanno ricadute negative sulle cure, ad esempio perché portano solo a un ritardo della diagnosi definitiva, che risulta ininfluente ai fini del trattamento.

Gli incidenti rappresentano la punta dell'iceberg. Sotto troviamo, già più numerosi, i *near-misses*, gli episodi in cui l'incidente è stato sfiorato ma per circostanze fortuite o perché si è riusciti a rimediare non ci si è arrivati. Ancora sotto, ben più numerosi, troviamo la gran massa degli errori quotidiani, che per lo più restano invisibili.

Gli incidenti sono così rari rispetto agli errori, perché si arriva all'incidente solo quando all'errore si aggiunge una combinazione di eventi sfortunati, che è altamente improbabile. Reason [79, 85] ha rappresentato il nesso errore-incidente nelle organizzazioni col noto modello *swiss cheese*.

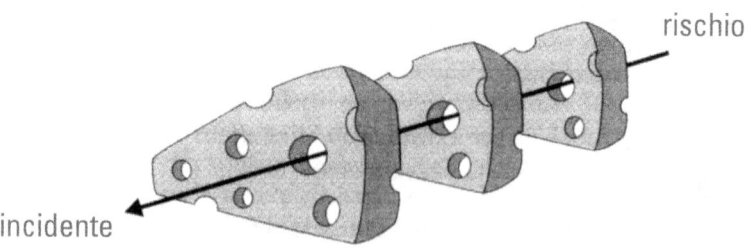

Il modello swiss cheese di Reason

Le organizzazioni, più o meno consapevolmente erigono barriere difensive nei confronti degli incidenti: sistemi di allarme, procedure, controlli, ecc. Queste barriere però, per quanto ben pensate, presentano buchi, come le fette di gruviera. Il rischio si trasforma in errore solo quando tutti i buchi si mettono in fila e si apre quella che Reason chiama una finestra di opportunità.

Dietro gli errori manifesti ci sono errori latenti. Quando parliamo di errori, abitualmente pensiamo a quelli più evidenti, in quanto più vicini e più facilmente ricollegabili all'incidente. Il pilota ha schiacciato il pulsante sbagliato, il chirurgo è andato avanti a cucire oltre il limite stabilito. Se analizziamo in profondità la genesi degli incidenti, scopriamo che dietro questi errori lampanti c'è un intero universo sommerso di altri errori, che hanno concorso all'esito finale. Ad esempio, la plancia era costruita male e non c'era un sistema di allarme che avvertisse dell'errore. Quando il chirurgo ha commesso il suo lapsus, l'aveva distratto un collega entrato in sala operatoria per chiedergli a che punto fosse con l'intervento. La stessa sala veniva usata a turno, il chirurgo era in ritardo e il collega aveva fretta. Gli aiuti non si erano accorti dell'errore, perché impegnati con uno strumento che funzionava male.

Reason [79] chiama *errori attivi* quelli in diretto rapporto con l'incidente ed *errori latenti* gli altri. Questi ultimi, più che riguardare l'azione dei singoli, si annidano nel sistema: riguardano la progettazione delle strutture, degli impianti e delle attrezzature, l'organizzazione delle attività e la loro gestione. Ad esempio, nel caso del chirurgo bisognava evitare turni ravvicinati di utilizzo della sala operatoria, darsi la regola di non entrare a intervento in corso, controllare sistematicamente prima gli strumenti, fare un passaggio di revisione quando per qualche ragione è mancato lo sguardo degli aiuti.

Proprio perché di retroguardia e di sistema, gli errori latenti tendono a rimanere silenti per lungo tempo e a volte restano misconosciuti anche quando si verifica un incidente. Sono però i più importanti, se davvero si vuole gestire il rischio. Rappresentano le cause più profonde e più eradicabili degli incidenti. Tipicamente gli errori latenti, come nei casi che abbiamo portato ad esempio, agiscono o favorendo l'errore attivo o abbassando le difese del sistema, cioè rendendo più facile passare dall'errore all'incidente.

Se lavoriamo sugli errori latenti, finiamo per creare ambienti lavorativi dove si commettono meno errori e soprattutto dove gli errori sono più tollerati, nel senso che hanno meno probabilità di provocare danni. Reason paragona efficacemente gli errori latenti agli agenti patogeni delle malattie. Concentrarsi sugli errori attivi è un po' come prescrivere antinfiammatori per una faringite, senza accorgersi dei batteri che la causano e senza attuare la corretta terapia antibiotica.

Le dinamiche degli incidenti non sono del tutto prevedibili. Come suggerisce il modello del formaggio svizzero di Reason, la genesi degli incidenti è multifattoriale, dovuta al combinarsi di tanti fatti sfortunati. È facile intuire che a volte gli incidenti sono imprevedibili.

Il sociologo Charles Perrow [86] riporta un racconto di vita quotidiana, che a prima vista rasenta l'assurdo, ma che a ben guardare è istruttivo.

Questa mattina hai un importante colloquio di lavoro. La tua compagna, uscita di casa prima di te, premurosamente ti ha lasciato la macchinetta del caffè sul fuoco. Purtroppo il caffè fuoriesce e brucia la guarnizione. Dato che hai bisogno di bere il caffè, perdi tempo a cercare una vecchia macchinetta e a fartene un altro. Lo bevi e frettolosamente esci di casa. Arrivato alla macchina ti accorgi di aver dimenticato le chiavi non solo della macchina, ma anche di casa. Per fortuna c'è un sistema di backup che usi per queste emergenze: le chiavi di riserva nel vialetto. Senonché le hai appena date a un amico che doveva venire a prendere dei libri. Vista la gravità della situazione, decidi di chiedere in prestito la macchina al vicino, che non la usa quasi mai. Il vicino però ha la macchina guasta. C'è sempre l'autobus, ma oggi c'è sciopero degli autobus. Cerchi un taxi, senza trovarlo, proprio a causa della congestione prodotta dallo sciopero dei mezzi pubblici. Non ti resta che disdire l'appuntamento facendo la figura dell'inaffidabile.

Il fatto che non possiamo pretendere di prevedere sempre gli incidenti ha importanti implicazioni pratiche. È illusorio pensare di rendere una realtà lavorativa sicura una volta per tutte. Per quanto noi ci adoperiamo per gestire il rischio, c'è sempre ancora da fare. La sicurezza è qualcosa che si costruisce continuamente.

La rivoluzione copernicana della sicurezza

Le nuove idee maturate sulla base delle ricerche scientifiche degli ultimi decenni hanno trascinato con sé una revisione radicale del modo tradizionale di impostare la gestione del rischio, una revisione che è una vera e propria rivoluzione copernicana. L'approccio tradizionale si concentra sulle persone che commettono quegli errori che sfociano in incidenti. Si parte dall'idea che potrebbero e dovrebbero non sbagliare, se solo fossero competenti, attente, serie e disciplinate. Perciò il lavoro di prevenzione consiste essenzialmente nell'assicurare che le persone siano preparate, formandole e selezionandole adeguatamente, e nell'adottare sistemi normativo-repressivi, stabilendo regole e punendo chi non le rispetta.

Alla luce di quel che sappiamo oggi, l'approccio centrato sulla persona è chiaramente errato e non può che risultare inefficace, se non controproducente. Dato che l'errore è radicalmente umano, per quanto facciano le persone continueranno a sbagliare. Neppure la bravura le mette al riparo dagli errori.

Puntare a eliminare gli errori manifesti significa poi sbagliare bersaglio. Nel corso di un'attività o in un'organizzazione lavorativa le persone commettono continuamente errori, che di regola non si trasformano in incidenti e restano silenti. La cosa giusta da fare è intervenire sugli errori latenti, quelli che si annidano nella organizzazione e che favoriscono gli errori più rischiosi e il passaggio dall'errore all'incidente. Siamo così all'approccio sistemico-organizzativo.

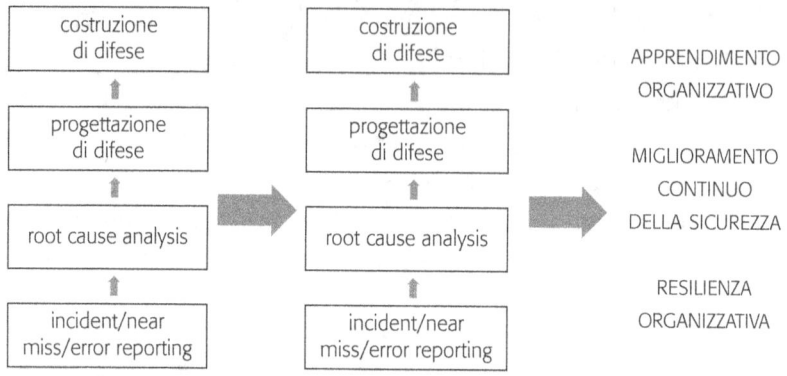

Processo di costruzione della sicurezza

Il reporting di incidenti, near misses ed errori consente di raccogliere informazioni utili per l'analisi della vulnerabilità della nostra realtà. La *rout cause analysis* consente di risalire agli errori latenti. Introdotta inizialmente in aviazione, è un metodo che consiste nel partire da un evento avverso e, attraverso un'attenta analisi, ricostruire cause, fattori favorenti, barriere assenti o che hanno fallito e i nessi tra i vari fattori. Al lavoro partecipano generalmente esperti, operatori direttamente interessati e dirigenti e alle conclusioni si arriva grazie alle riflessioni di tutti i partecipanti. Fatta l'analisi in profondità, possiamo progettare e costruire difese.

Nel tempo si continua a raccogliere informazioni, a fare analisi e progettare e realizzare sempre nuove difese. Il risultato è un miglioramento continuo della sicurezza che si realizza attraverso un'attività permanente di apprendimento organizzativo o, più precisamente, di resilienza organizzativa. L'organizzazione infatti si comporta come gli individui che reagiscono positivamente agli eventi avversi trasformandoli in occasioni di crescita e di irrobustimento.

Dato che non possiamo cambiare la natura umana e vista la complessità della dinamica degli incidenti, cerchiamo di intervenire sulle condizioni in cui gli uomini lavorano, di agire su quei fattori ambientali che influiscono sugli errori e sui loro effetti. In pratica dobbiamo analizzare ciò che rende vulnerabile la realtà in cui siamo, individuare e studiare quegli errori latenti (di impianti, attrezzature, organizzazione delle attività, ecc.) che si annidano nel sistema. Su questa base progetteremo difese, che rendano la nostra realtà meno vulnerabile, abbassando il rischio di incidenti.

Il primo passo è raccogliere continuamente informazioni sugli incidenti o quasi-incidenti che capitano e soprattutto sugli innumerevoli errori che ogni giorno si verificano e tendono a passare inosservati. Di qui cercheremo di andare in profondità, di capire se e come un dato errore può trasformarsi in incidente e di individuare i fattori ambientali che favoriscono l'errore e la sua trasformazione in incidente. È un lavoro senza fine, perché le dinamiche degli incidenti non sono del tutto prevedibili e abbiamo bisogno di progettare continuamente nuove difese.

Lo spazio dell'empowerment nella gestione del rischio

A ben guardare, la gestione del rischio richiede di fare empowerment a tutti i livelli, dalle persone alle organizzazioni, alla collettività più ampia. È così in qualsiasi ambito, dall'industria all'areonautica, alla sanità e via dicendo.

Gli operatori devono abbandonare l'idea tradizionale, radicata nel senso comune e diffusa, che tutto dipenda dalle persone. Da un lato questo può far sentire sgravati di responsabilità insostenibili. Dall'altro però demolisce false sicurezze e mette di fronte alla propria vulnerabilità. L'operatore ora si rende conto che non può fare affidamento sulla propria competenza e che, anche se è preparato e coscienzioso, commette comunque errori e corre il rischio di restare coinvolto in incidenti.

Una volta che gli operatori si sono resi conto che l'approccio centrato sulla persona non regge, devono affidarsi all'organizzazione. Per sentirsi sicuri non possono più fare affidamento semplicemente su se stessi, ma devono costruire assieme agli altri difese organizzative che li mettano in condizione di rischiare meno di essere coinvolti in incidenti.

In tutto questo hanno bisogno anche di cambiare il loro modo di guardare alla realtà. Analizzare le vulnerabilità del sistema e ideare difese richiede di andare oltre l'ovvio per cogliere le dinamiche profonde degli eventi. Il pensiero lineare, per cui l'incidente è legato all'errore e alla persona che lo commette, è semplice e intuitivo. Per ricostruire le dinamiche profonde bisogna invece essere capaci di distacco, razionalità e pensiero tecnico-scientifico.

Per gli operatori, che si tratti di medici, infermieri, piloti, addetti a torri di controllo, operai o altro, la transizione da un modo di pensare all'altro è impegnativa. L'empowerment è necessario per far sì che l'operatore superi il problema psicologico del senso di vulnerabilità, concepisca il proprio lavoro meno in termini individuali e più integrato nell'organizzazione, sviluppi capacità analitiche sui problemi di sicurezza.

Anche i manager hanno bisogno di supporto. Non possono più scaricare la responsabilità degli incidenti sugli operatori come facevano con l'approccio tradizionale. Ora devono dar fiducia agli operatori, a tutti gli operatori, e pensare a migliorare l'organizzazione. Siccome per esaminare le vulnerabilità e progettare e costruire difese serve il contributo di tutti, i manager sono chiamati a collaborare con gli operatori prescindendo dalle gerarchie. Se vogliono davvero costruire sicurezza, devono mettere da parte la classica gestione dall'alto e far leva sul *potere con*.

Affinché una realtà possa costruire sicurezza efficacemente e in tranquillità, è importante creare attorno un contesto culturalmente adeguato. Mass media, opinione pubblica, istituzioni dovrebbero condividere l'approccio sistemico-organizzativo, cosa non facile.

Il diritto, per fare un esempio, finisce spesso per essere un problema. Specie nei paesi a diritto formale, romano-germanico, le normative hanno preso atto della rivoluzione copernicana della sicurezza, riproponendo però in ultima analisi un approccio centrato sulla persona. Si dice che tutti in un'organizzazione devono contribuire alla costruzione della sicurezza, che dev'esserci un costante apprendimento organizzativo, col lavoro di analisi, progettazione e costruzione di difese. Tuttavia poi si fissano regole ben precise e si stabiliscono punizioni per le persone ritenute responsabili del mancato rispetto. Così facendo, il diritto finisce per ostacolare l'empowerment, rende più difficile una reale presa di coscienza e responsabilizzazione da parte dei soggetti interessati.

Spesso ciò che si ottiene è che nelle organizzazioni ci si preoccupi di essere formalmente in regola, di evitare le sanzioni, non di costruire realmente sicurezza e migliorarla continuamente. Il problema non è semplice, perché il diritto, così com'è oggi, è fondato sull'idea di responsabilità individuale e non è facile ripensarlo.

Il paradosso dei life skills

Socializzazione e formazione delle nuove generazioni sono oggi sotto spinte contraddittorie: da un lato le trasformazioni sociali in atto richiedono che le persone abbiano certe abilità, dall'altro lo sviluppo di quelle abilità personali è inibito dalle stesse trasformazioni sociali che le rendono sempre più indispensabili [87]. E' il paradosso dei life skills, di quelle abilità che da tempo anche gli organismi internazionali considerano essenziali per condurre una vita di qualità e essere in salute [88, 89, 90].

Il paradosso è frutto delle trasformazioni cui la modernità sta andando incontro con la globalizzazione. Non è legato tanto alle dimensioni della globalizzazione comunemente prese in considerazione (l'economica, la politica, la culturale), quanto ad altre di cui si parla meno, ma che sono altrettanto se non più incisive e pervasive: l'erosione delle tradizioni, l'incertezza, il cambiamento del sé e delle coscienze. Non è neppure immediato ricondurre il fenomeno alla globalizzazione, perché questa produce effetti a cascata e il paradosso dei life skills è il risultato della convergenza di vari effetti a vari livelli della cascata.

Occupiamoci di un'abilità che, tra quelle oggi oggetto di spinte contraddittorie, è una delle più importanti: l'approccio scientifico alla vita [91]. È un'abilità complessa che si può scomporre in varie sottoabilità. Si fa rientrare solitamente tra le abilità di apprendimento oggi ritenute importanti, assieme alla capacità di imparare ad apprendere, di giudicare, decidere e pianificare.

Essere capaci di approccio scientifico alla vita nel mondo attuale è indispensabile. Sono molti i fattori che spingono in que-

APPROCCIO SCIENTIFICO ALLA VITA

*finché si resta nel senso comune molti problemi restano irrisolti
e molte informazioni e strumenti disponibili restano inutilizzati*

- Avere matura consapevolezza della distinzione tra senso comune e scienza. *Non ridurre la conoscenza scientifica al senso comune, né mitizzare la conoscenza scientifica.*

- Tenere nella giusta considerazione i linguaggi tecnici. *Sapere che esistono, non rifiutare termini e espressioni per il solo fatto che non li capiamo, documentarsi in proposito, ecc.*

- Sentirsi ignoranti e sforzarsi di attingere alla scienza per colmare le proprie lacune.

- Essere capaci di immaginazione scientifica. *Porsi domande, fingere ipotesi, ideare verifiche, ecc.*

- Essere capaci di pensiero critico. *Mettere in discussione prove, supposizioni, ecc.*

- Essere capaci di astrazione e di far ricorso alla logica. *Non essere prigionieri del pensiero concreto, trasformare i contenuti in schemi astratti, saper adottare procedure logico-formali, instaurare un va e vieni tra forma e contenuto, astratto e concreto.*

- Essere in grado di trattare matematicamente le informazioni. *Usare concetti matematici e calcoli nella comune conoscenza della realtà e nella soluzione dei problemi concreti.*

- Saper fare analisi e sintesi delle informazioni.

- Essere capaci di pensiero complesso. *Comprendere la causalità multifattoriale, i processi, la fluidità dei fenomeni, senza cercare semplificazioni e facili soluzioni ai problemi e liberandosi di euristiche basate su miti, ideologie e false convinzioni.*

Skills di approccio scientifico

L'approccio scientifico alla vita è una meta-abilità che si può scomporre in vari skills.

sta direzione. Uno è l'erosione delle tradizioni, in corso sia nei paesi occidentali, dove interessa essenzialmente le tradizioni della vita privata (le altre sono già state erose durante i secoli della modernizzazione), sia nel resto del mondo, dove l'impatto è su tutte le tradizioni, comprese quelle religiose, economiche e politico-istituzionali. Si tratta di erosione, non distruzione. Le tradizioni sopravvivono, anzi a volte rifioriscono, ma perdono peso, smettono di essere vincolanti: da guide cariche di autorità tendono a divenire fonti di modelli comportamentali.

L'erosione delle tradizioni ci obbliga a prendere le decisioni da soli fidando sulla nostra ragione. Non potendo rifarci ai dettami della tradizione, dobbiamo ogni volta analizzare il problema decisionale: la situazione, la meta che ci si prefigge, i mezzi disponibili, i vincoli, le azioni, gli esiti possibili.

Al venir meno del supporto della tradizione si aggiunge il fatto che i problemi decisionali sono generalmente più complessi che in passato. Una ragione è il crescente peso dei risvolti relazionali. La perdita di potere delle autorità (legata in parte alla stessa erosione delle tradizioni), la diffusa democratizzazione, il policentrismo politico-istituzionale, i rapporti interculturali, lo sviluppo delle comunicazioni, spingono – a tutti i livelli, dalla vita privata alla politica internazionale – a cercare soluzioni capaci di mettere d'accordo più soggetti e portatori di interessi.

Il pensiero scientifico può essere di grande aiuto nel decision making razionale e può fare da valido sostituto della tradizione. Molte decisioni (potenzialmente tutte) possono usufruire di conoscenze scientifiche. La scienza tende a entrare sempre più nella vita, per cui non solo le decisioni di ingegneria o di medicina, ma anche di strategie politiche o manageriali o di vita affettiva possono essere prese tenendo conto di acquisizioni scientifiche. In ogni caso poi per decidere razionalmente è utile la logica scientifica, l'impostazione e il modo di procedere della scienza.

L'approccio scientifico oggi è indispensabile anche perché l'individuo è sottoposto a un sovraccarico di informazioni scientifiche. In passato queste informazioni circolavano esclusivamente tra scienziati e specialisti, oggi – specie tramite Internet, ma anche attraverso altri media – arrivano tranquillamente ai profani e ne condizionano il pensiero. Come osservano Leo Hendry e Marion Kloep [91], gli individui hanno bisogno di imparare a vagliare e a elaborare correttamente le informazioni scientifiche, altrimenti rischiano di esserne fuorviati, col che un potenziale beneficio si tramuta in danno.

Le trasformazioni del mondo di oggi, anziché favorire lo sviluppo dell'approccio scientifico alla vita, lo stanno ostacolando.

Le agenzie culturali privilegiano l'informazione sulla conoscenza. Tendono a non approfondire e quindi a non astrarre, a non mobilitare principi di carattere più generale (i *principia media* di Mill) e procedimenti logico-formali per capire le cose. Anziché liberare le persone dall'abitudine al pensiero concreto, ve le ricacciano. I mass media operano evidentemente così. Da questo punto di vista i teorici della cultura di massa – Nietzsche e Thoreau in particolare – avevano in fin dei conti ragione. La superficialità dei mass media è dovuta principalmente alla particolare condizione in cui vengono a trovarsi giornalisti e altri professionisti del settore, caratterizzata da una serie di problemi ampiamente studiati: essendo sotto tensione hanno poche risorse per pensare, sono chiusi al pubblico e autoreferenziali, si preoccupano di restare neutrali e non invadere il campo degli esperti e via dicendo.

Non solo i mass media, ma anche la scuola va verso la superficialità. Qui forse la ragione principale è che le nozioni da trasmettere sono cresciute a dismisura e i programmi solitamente si sforzano di star dietro alla crescita della conoscenza da tramandare, anziché fare la scelta coraggiosa di limitare il campo e puntare sull'approfondimento e sulla formazione di abilità intellettive. Si tratterebbe di una scelta intelligente oltre che coraggiosa, dato che il problema dell'istruzione di oggi non è fornire saperi, che si rinnovano rapidamente e sono facilmente accessibili, ma creare le capacità di apprendere e gestire i saperi.

Le scuole sono spesso vincolate dal problema della concorrenza: i loro clienti (allievi e famiglie) comprendono più facilmente l'offerta di informazione che quella di conoscenza formativa, per cui chi dovesse fare scelte controcorrente nei programmi rischierebbe di essere penalizzato. Anche i governi spingono nella stessa direzione per ragioni concorrenziali: fanno a gara a chi riesce a produrre allievi apparentemente più preparati, invece d'interrogarsi seriamente sulle reali capacità che gli allievi hanno di affrontare i problemi che incontrano nel mondo di oggi.

Un altro fattore che impedisce lo sviluppo dell'approccio scientifico alla vita è la crisi della scienza. La ricerca scientifica avanza, forse più che mai, ma la scienza è socialmente in crisi, nel senso che incontra difficoltà a rapportarsi al pubblico dei profani. Giddens [92] osserva che il fatto che prima o poi sarebbe stata messa in discussione la fiducia nella scienza era implicito in questa stessa fiducia. La scienza moderna è divenuta socialmente credibile in quanto antitradizionale, antiautoritaria e basata sulla riflessione e sul confronto critico. Tuttavia anche la scienza è una tradizione autoritaria e nel momento in cui le tradizioni sono erose e si diffonde l'abitudine a confrontarsi criticamente su ogni cosa, perde credibilità.

L'uomo comune oggi stenta a dar per buone le conoscenze scientifiche senza confrontarle con ciò che personalmente pensa a riguardo e senza discuterle. Tende a discutere perché non lo trattiene più la riverenza per l'autorità scientifica e le implicazioni delle conoscenze scientifiche lo riguardano da vicino. Trascura però il fatto di non avere gli strumenti intellettuali per entrare nel dibattito scientifico. Non si rende conto che oltre a essere privo del sapere necessario, difetta di metodo e non ha neppure idee chiare su che cosa sia la scienza: ad esempio, non capisce come possa la verità scientifica essere verità senza essere verità o come la scienza possa dare risposte intelligenti e utili ai problemi anche senza fornire "ricette", soluzioni immediatamente praticabili. L'uomo di oggi pretende di entrare nel dibattito scientifico senza essere scienziato e così finisce per fraintendere sempre più la scienza e per allontanarsene, quando dovrebbe addentrarcisi e capirla dai fondamenti.

I mass media amplificano la crisi presentando la scienza in ottica errata: ad esempio, mettono le acquisizioni scientifiche sullo stesso piano delle opinioni comuni o le banalizzano o le enfatizzano facendole apparire lontane dalla realtà. Favoriscono anche una visione superficiale e antiscientifica dei problemi, scoraggiando la tensione conoscitiva e diffondendo spesso spiegazioni ideologiche, mitiche e prescientifiche dei fatti. Hanno anche il potere di trasformare gli esperti che intervengono nei talk show e nelle altre trasmissioni in cattivi rappresentanti della scienza. Per non guastare lo spettacolo e per non rischiare di non essere più chiamati gli esperti si piegano alla regola della superficialità, dando un'immagine falsa della scienza. È il noto fenomeno dell'assimilazione, per cui l'uomo di scienza diventa simile a un giornalista.

Il paradosso dei life skills ci sfida e chiama in causa evidentemente l'empowerment. Per sviluppare un'abilità come l'approccio scientifico alla vita a dispetto delle pressioni contrarie, la scuola è chiamata a un lavoro centrato sull'allievo, che ci fa subito andare con la mente ai modelli delle pedagogie alternative. Invece di limitarsi a narrare conoscenze della tradizione, i docenti dovrebbero mettere al lavoro gli allievi e seguirli mentre si cimentano nell'approvvigionamento e nell'uso del sapere.

Non solo la scuola, ma anche i professionisti potrebbero favorire lo sviluppo dell'approccio scientifico. Ad esempio, un medico che fa lavoro di empowerment dei pazienti li inviterà a documentarsi correttamente e li aiuterà a giudicare, ragionare e decidere, favorendo così lo sviluppo di abilità di approccio scientifico.

Anche le organizzazioni possono diventare luogo di sviluppo di life skills. Ad esempio, i medici hanno modo di sviluppare abilità di approccio scientifico, se negli ospedali o nei servizi in cui operano si adottano nuove modalità di aggiornamento basate sulla cognizione distribuita. Invece di dipendere da esperti che narrano la scienza e insegnano le pratiche, imparano a consultare la letteratura scientifica, a discuterne assieme e a trarne indicazioni. Un impegno del genere è sicuramente un valido esercizio per sviluppare abilità di approccio scientifico.

La sfida del paradosso dei life skills è troppo seria per lasciarla cadere: se la perdiamo, rischiamo un declino fuori controllo, ma se la vinciamo, probabilmente costruiremo un mondo migliore.

Lavori citati

1. Czuba C.E., Page N. (1999) Empowerment: What is it? *Journal of Extension*. 37 (5)

2. Rappaport J. (1984) Studies in empowerment: Introduction to the issue. *Prevention in Human Service*. 3: 1-7.

3. Bailey D. (1992) Using participatory research in community consortia development and evaluation: Lessons from the beginning of a story. *American Sociologist*. 23 (4):71-82

4. Zimmermann M. (1984) Taking aim on empowerment research: On the distinction between individual and psychological conceptions. *American Journal of Community Psichology*. 18 (1): 169-177

5. Rappaport J. (1987) Terms of empowerment/exemplars of prevention: Toward a theory for community Psychology. *American Journal of Community Psichology*. 15 (2): 121-148

6. Israel B.A. et al. (1994) Health education and community empowerment: Conceptualizing and measuring perceptions of individual, organizational and community control. *Health Education Quarterly*. 21 (2): 149-170

7. Wallerstein N. (1992) Powerlessness, empowerment, and health: Implications for health promotion programs. *American Journal of Health Promotion*. 6 (3): 197-205

8. Longwe S. (1991) Gender Awareness: The missing element in the Third World development project. In T. Wallace and C. March *Changing perceptions: Writings on gender and development*. Oxford, UK: Oxfam

9. Wilson P. (1996) *Empowerment: Community economic development from the inside out*. Urban Studies. 33 (4-5): 617-630

10.Freire P. (1968 manoscritto -1970 prima ed.) *Pedagogia do oprimido*. trad. it. *La pedagogia degli oppressi*. Milano: Mondadori,1971

11. Freire P. (1977) *Cartas à Guinea Bissau.* World Council of Churces; trad. it. *Pedagogia in cammino.* Milano: Mondadori, 1979

12. Rogers C.R. (1969) *Freedom to learn.* Colombus: Ch. E. Merril Publ. Company; trad. it. *Libertà nell'apprendimento.* Firenze: Giunti Barbèra, 1973

13. Papert S. (1980) *Mindstorms. Children, Computers, and powerfull ideas.* New York: Basic Books.

14. Papert S. (1993) *The children's machine: Rethinking school in the age of the computer.* New York: Basic Books; trad. it. *I bambini e il computer.* Milano: Rizzoli, 1994

15. Illich I. (1971) *Deschooling society.* New York: Harper & Row; trad. it. *Descolarizzare la società.* Milano: Mondadori, 1972

16. Illich I. (1973) *Tools for conviviality.* New York:Harper & Row; trad. it. *La convivialità.* Milano: Mondadori, 1974

17. Buserop E. (1970) *Woman's role in economic development.* London: George Allen & Unwin

18. Sen A.K. (1999) *Development as freedom.* New York: Random House, Inc.; trad. it. *Lo sviluppo è libertà.* Milano: Mondadori, 2000

19. Rappaport J. (1981) In praise of paradox: A social policy of empowerment over prevention. *American Journal of Community Psychology.* 9 (1): 1-25

20. Kieffer C.H. (1982) The emergence of empowerment the devolepment of participatory competence among individuals in citizen organization. *Division of Community Psychology Newsletter.* 2: 13-14

21. Balint E. (1969) The possibilities of patient-centered medicine. *The Journal of the Royal College of General Practitioners.* 17: 269-76

22. World Health Organization (1978) *Primary health care.* Ginevra: WHO

23. Loukanova S.N., Bridges J.F.P. (2008) Empowerment in medicine: An analysis of publication trends 1980-2005. *Central European Journal of Medicine.* 3 (1):105-110

24. Holmström I., Röing M. (2010) The relation between patient-centeredness and patient empowerment: A discussion on concepts. *Patient Education and Counseling.* 79: 167-172

25. Gaventa J. (2003) *Towards participatory local governance: Assessing the transformative possibilities.* Paper presented at Conference on Participation: From Tyranny to Transformation. Manchester, 27-28 february.

26. Weber M. (1922) *Wirtschaft und Gesellschaft.* Tübingen: Mohr; trad. it. *Economia e societ*à. Milano: Edizioni di Comunità,1961

27. Kreisberg S. (1992) *Trasforming power: Domination, empowerment, and education.* Albany (NY): State University of New York Press

28. Rowlands Jo (1997) *Questioning empowerment: Working with women in Honduras.* Oxford (UK): Oxfam

29. Lappe F.M., Dubois P.M. (1994) *The quickening of America: Rebuilding our nation, remaking our lives.* San Francisco: Jossey-Bass, Inc. Publishers

30. Lukes S. (1974) *Power. A radical view.* London: McMillan Press; trad. it. *Il potere. Una visione radicale.* Milano: Vita e Pensiero, 2006

31. Deutsch M., Gerard H.B. (1955) A study of normative and informational social influences upon individual judgment. *The Journal of Abnormal Social Psychology.* 51 (3): 629-636

32. Di Giovanni P. (2007) Potere e conoscenza nell'era della globalizzazione: verso nuove forme di leadership. in P. Di Giovanni (ed.) *Globalizzazione e governo locale.* Teramo: Il Piccolo Libro, 2007

33. Castells M. (1996) *The information age: Economy, society and culture.* Oxford: Blackwell Publisher Ltd.; trad. it. *La nascita della società di rete.* Milano: Egea, 2002

34. Merei F. (1949) Group leadership and institutionalization. *Human Relations.* 2: 23-39

35. Hollander E.P. (1958) Conformity, status, and idiosyncrasy

credit. *Psychological Review.* 65: 117-127

36. Pospisil L. (1968) *Law and order. In J. Clifton (Ed.) Introduction to cultural anthropology.* Boston: Houghton Mifflin.

37. Dentan R. (1968) *The Semai: A non-violent people of Malaya.* New York: Holt, Rinehart & Winston

38. Lee R. B. (1979) *The !Kung San: Men, women and work in a foraging society.* New York: Cambridge University Press

39. Werner D. (1982) Chefs and presidents: A comparison of leadership traits in the United States and among the Mekranoti-Kayapo of Central Brazil. *Ethos.* 10:136-148

40. Harris M. (1987) *Cultural Anthropology.* New York: Harper & Row; trad. it. *Antropologia culturale.* Bologna: Zanichelli, 1990

41. Bianchi A., Di Giovanni P. (2005) *Psicologia oggi.* Milano-Torino: Paravia-Bruno Mondadori.

42. Di Giovanni P. (2007) *Psicologia della comunicazione.* Bologna: Zanichelli

43. Grice P.H. (1967) Logic and conversation, testo non pubblicato delle William James Lectures, Harvard University, pubblicato parzialmente in P. Cole e J.L. Morgan (Eds.) *Syntax and semantics III: Speech acts.* New York: Academic Press, 1975; trad. it. *Logica e conversazione* (traduzione parziale). Bologna: Il Mulino, 1993

44. Rossi-Landi F. (1973) *Il linguaggio come lavoro e come mercato.* Milano: Bompiani

45. Greimas A., Courtes J. (1979) *Sémiotique: dictionaire raisonné de la théorie du language.* Paris: Hachette; trad. it. *Semiotica. Dizionario ragionato della toeria del linguaggio.* Firenze: La casa Usher, 1986

46. Rommetveit R. (1974) *On message structure.* New York-London: Wiley; trad. it: *Struttura del messaggio.* Roma: Armando, 1979

47. Rommetveit R. (1976) On the architecture of the intersubjectivity. In L. Strickland, F. Aboud, K. Gergen (Eds.) *Social psychology in transition.* New York: Plenum Press

48. Rommetveit R. (1985) Language acquisition as increasing linguistic structuring of experience and symbolic behavior control. In J.V. Wertsch (Ed.) *Culture, communication and cognition: Vygotskian perspectives*. Cambridge: Cambridge University Press

49. Ghiglione R. (1986) *L'homme communiquant*. Paris: Colin

50. Ghiglione R. (1988) *La comunicazione è un contratto*. Napoli: Liguori

51. Gergen K.J. (1985) The social constructionist movement in modern psychology. *American Psychologist*. 40: 266-275

52. Shotter J. (2000) From within our lives together Wittgenstein, Bachtin, Voloshinov and the shift to a participatory stance in undesrtanding understanding. In L. Holzman and J. Morss (Eds) *Postmodern psychologies, societal practice, and political life*. London: Routledge

53. Harré R. (1998) *The singular self: An introduction to the psychology of personhood*. London: Sage

54. Parker M. (2000) *Organizational culture and identity: Unity and division at work*. London: Sage

55. Edwards D., Potter J. (1992) *Discursive psychology*. London Sage.

56. Shotter J. (1995) Dialogical psychology. In J.A. Smith et al. (Eds) *Rethinking psychology*. London: Sage

57. Lyotard J.F. (1979) *La condition postmoderne. Rapport sur le savoir*. Paris: Editions de minuit; trad. it. *La condizione postmoderna: rapporto sul sapere*. Milano: Garzanti, 1981

58. Billig M. (1987) *Arguing and thinking. A rhetorical approach to social psychology*. Cambridge: Cambridge University Press; trad. it. *Discutere e pensare. Un approccio retorico alla psicologia sociale*. Milano: Cortina, 1999

59. Di Giovanni P. (1984) *Il mondo sommerso della comunicazione*. Pescara: Edizioni Istituto di Ricerca sulla Comunicazione

60. Bianchi A. et al. (1985) *L'indirizzo retorico in psicoterapia*. Pescara: Edizioni Istituto di Ricerca sulla Comunicazione

61. Gentner D. (1980) The structure of analogical models in science. *B.B.N. Technical Report*, 4454

62. Gick M.L., Holyoak K.J. (1980) Analogical problem solving. *Cognitive Psychology.* 12: 306-355

63. Gick M.L., Holyoak K.J. (1983) Schema induction in analogical transfer. *Cognitive Psychology.* 15: 1-38

64. Holyoak K.J., Thagard P. (1990) A constraint satisfaction approach to analogical mapping and retrieval. In K.J. Gilhooly, M.T. Keane, R. Logie & G. Erdos (Eds.) *Lines of thiking: reflections on the psychology of thought, 1.* Chichester: Wiley

65. Cornwall A., Brock K. (2005) Beyond buzzwords. 'Poverty reduction', 'Participation' and 'Empowerment' in Development Policy. *Overarching Concerns: Programme Paper N.10,* Geneva: United Nations Research Institute for Social Development

66. Fiedrich M. et al. (2003) *Literacy, gender and social agency: Adventures in empowerment.* DFID Report for ActionAid. UK

67. Zajonc R.B. (1965) Social facilitation. *Science.* 149: 269-274

68. Lieberman M. D., Eisenberger N.I. (2005) A pain by any other name (rejection, exclusion, ostracism) still hurts the same: The role of dorsal anterior cingulate cortex in social and physical pain. In J. Cacioppo, P. Visser e C. Pickett (Eds) *Social Neuroscience: People thinking about thinking people.* Cambridge (MA): MIT Press

69. Chajut E., Algom D. (2003) Selective attention improves under stress: Implications for theories of social cognition. *Journal of Personality and Social Psychology.* 85: 231-248

70. Elizuya B., Rochlofs K. (2005) Cortisol-induced impairments of working memory requires acute sympathetic activation. *Behavioral Neuroscience.* 119: 98-103

71. Day R.S. (1988) Alternative representations. In G. Bower *The Psychology of learning and motivation.* Orlando (FL): Academic Press

72. Moscovitch M. (1982) Neuropsychology of perception and memory in the elderly. In F.I.M. Craik e S.Trehub (eds.) *Aging*

and cognitive processes. New York: Plenum

73. Norman D.A. (1993) T*hinks that make us smart.* New York: Addison Wesley; trad. it. *Le cose che ci fanno intelligenti.* Milano: Feltrinelli, 1995

74. Hutchins, Edwin (1995). *Cognition in the Wild.* Cambridge (MA): MIT Press

75. Bianchi A. et al. (2015) *Dalla scrittura ai social media Come cambiano le nostre vite.* Really New Minds

76. Poses R.M., Anthony M. (1991) Availability, wishful thinking, and physicians' diagnostic judgments for patients with suspected bacteremia. *Medical Decision Making.* 11: 159-168

77. Friedman C. et al. (2001) Are clinicians correct when they believe they are correct? Implications for medical decision support. *Medinfo.* 10: 454-458

78. Rasmussen J. (1986) *Information processing and human-machine interaction. An approach to cognitive engineering.* Amsterdam: North Holland

79. Reason J.T. (1990) *Human error.* Cambridge: Cambridge University Press; trad. it. *L'errore umano.* Roma: EPC, 2014[2]

80. Morris P.E., Hampson P.J. (1983) *Imagery and consciousness.* London: Academic Press

81. Reason J.T. (1979) Actions not as planned. In G. Underwood e R. Stevens (Eds.) *Aspects of consciousness.* London: Academic Press

82. Norman D.A. (1980) Post-Freudian slips. *Psychology Today* (April)

83. Norman D.A. (1981) Categorisation of action slips. *Psychological Review.* 88, 1-15

84. Norman D.A. (1988) *The psychology of everyday things.* New York: Basic Books;trad. it. *La caffettiera del masochista.* Firenze: Giunti, 1990

85. Reason J.T. (1997) *Managing the risks of organisational accidents.* Aldershot: Ashgate Publishing Company

86. Perrow Ch. (1984) *Normal accidents*. New York: Basic Book

87. Bianchi A. (2007) Dimensioni solitamente trascurate della globalizzazione: il paradosso dei life skills. In P. Di Giovanni (Ed:) *Globalizzazione e governo locale*. Teramo: Il Piccolo Libro

88. World Health Organization [WHO] (1993) Life skills education in schools. *WHO/MNH/PSF/93.A.Rev.1*. Geneva: WHO

89. World Health Organization [WHO] (1997) Life skills education in schools. *WHO/MNH/PSF/93.7A.Rev.2*. Geneva: WHO

90. World Health Organization [WHO] (2002), Skills for healt. *Information series on school healt, doc. 9*. Geneva: WHO

91. Hendry L.B., Kloep M. (2002) *Lifespan development. Resources, challengers and risks*. London: Thompson Learning; trad.it. *Lo sviluppo nel ciclo di vita*. Bologna: Il Mulino, 2003

92. Giddens A. (1999) *Runaway world of how globalization is reshaping our lives*. London: Profile Books; trad. it. *Il mondo che cambia*. Bologna: Il Mulino, 2000

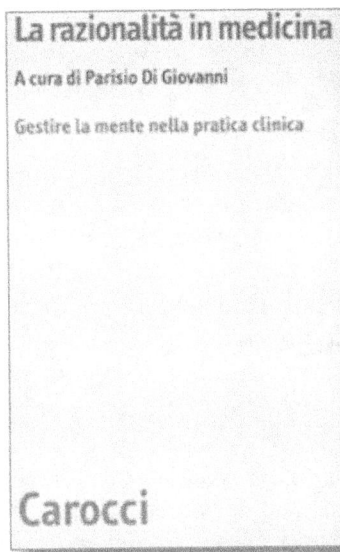

a cura di Parisio Di Giovanni
La razionalità in medicina

Gestire la mente nella pratica clinica

Non siamo abituati a gestire la nostra mente mentre lavoriamo: diamo per scontato che ci assisterà. È un magnifico strumento, ma tutt'altro che infallibile e quando meno ce lo aspettiamo può tradirci. Il libro analizza le insidie che il clinico – per il fatto stesso di adoperare la mente - incontra nella pratica quotidiana, quando fa diagnosi e decide terapie. Indica poi come servirsi al meglio della mente nella pratica clinica. Gli strumenti operativi richiedono di uscire dall'isolamento per cercare intorno a sé – nell'ambiente organizzzativo e negli altri – supporti adatti. Questo vale in particolare nella gestione del richio clinico, cui è dedicata un'ampia parte del volume. Completano il testo resoconti di esperienze innovative, dalla pratica del diario degli errori a quella dei gruppi di sviluppo di resilienza, all'uso dei focus group come strumento di conoscenza distribuita e di supporto della governance

Parisio Di Giovanni
Psicologia della comunicazione

Un manuale, un classico del settore per capire la comunicazione

Fornisce le nozioni di base di psicologia e poi tratta

◆ *la comunicazione nel regno animale*
◆ *il linguaggio*
◆ *la comunicazione non verbale*
◆ *la comunicazione interpersonale*
◆ *persuasione e miscommunication*
◆ *la comunicazione attraverso i media*

la chemioterapia
metronomica
del cancro

spiegata a tutti

Parisio Di Giovanni

conoscere
questa terapia
non aggressiva
di cui oggi
disponiamo

you ought to know

Parisio Di Giovanni
La chenioterapia metronomica
del cancro

La chemioterapia metronomica è una terapia del cancro poco nota, sottoutilizzata e a volte considerata con scetticismo. Eppure in molti casi può essere estremamente utile, specie se usata con intelligenza. Una vasta ricerca clinica ne documenta l'efficacia. Solo che la gran parte di questi studi sono stati fatti senza chiamare questa terapia col nome di metronomica, per cui in genere se ne ignora l'esistenza.

La metronomica è in linea con ciò che la ricerca attuale dice circa la natura del cancro. Questo non è, come molti ancora credono, un insieme di cellule impazzite che si possono uccidere sparando proiettili magici. Purtroppo è ben altro e richiede di fare una rivoluzione copernicana e trovare modi diversi di impostare i trattamenti, basati su una nuova filosofia della cura. La metronomica tratta il cancro per ciò che realmente è ed è un esempio di terapia in linea con la nuova filosofia della cura.

Ha il pregio di essere anche una terapia poco costosa e poco tossica. Sono due cose importanti in questa fase della storia dell'oncologia, in cui si affacciano interrogativi su certi risvolti delle cure che forse in passato abbiamo sottovalutato. C'è molta strada da fare per mettere a punto e imparare a usare al meglio questo tipo di terapia. È un peccato però non conoscerla, trascurarla e non tenerla presente quando affrontiamo la difficile sfida del cancro. Il libro introduce alla conoscenza della metronomica, illustrando passo dopo passo idee di fondo, meccanismi, esperienze cliniche, problemi e passando in rassegna oltre trecento lavori scientifici.

Scritto da un medico abituato alla ricerca, alla formazione e alla divulgazione, il testo è specialistico, ma può essere letto da tutti.

visita il sito <curare il cancro intelligentemente>

Adele Bianchi e Parisio Di Giovanni
Mio fratello cancro

La cura del cancro sta cambiando, sia perché i progressi della ricerca ci fanno capire meglio com'è realmente questa malattia, sia perché il mondo di oggi richiede un approccio diverso. Curare il cancro non è semplicemente un problema tecnico, per cui non basta mettersi in buone mani o trovare il rimedio giusto. Il modo in cui pensiamo, comunichiamo, ci rapportiamo agli altri è decisivo. Spesso si pensa che occuparsi degli aspetti psicologici e sociali è solo di supporto. Invece è determinante per i risultati che otteniamo. Gli autori raccontano la storia incredibile di Helen e Leonard Bee, una storia vera che fa capire quanto contino certe cose spesso trascurate.

visita il sito <curare il cancro intelligentemente>

Adele Bianchi e Parisio Di Giovanni
con la collaborazione di
Eugenio Di Giovanni

Dalla scrittura ai social media
Come cambiano le nostre vite

Le nostre vite stanno cambiando, rapidamente e forse più di quanto ce ne rendiamo conto. Le novità che stanno ridisegnando il mondo e le nostre vite sono molte e lo sviluppo dei media è una delle più importanti.

Che cosa sta accadendo? Come si profila il futuro? La nostra vita privata? I rapporti con gli altri? La nostra conoscenza delle cose? Le nostre abilità mentali? La politica? L'istruzione? La sanità? Il lavoro e la vita nelle organizzazioni produttive?

Il libro ripercorre il progressivo sviluppo dei media dalla nascita della scrittura alle più recenti esplosioni tecnologiche per arrivare ad analizzare trasformazioni che stanno cambiando le nostre vite. Va oltre le visioni ideologiche, pessimistiche o utopiche, e pragmaticamente cerca di cogliere la realtà com'è e suggerisce vie per sfruttare al meglio le opportunità che abbiamo davanti.

Really New Minds

Really New Minds è uno spin-off universitario. Prende le mosse dalla ricerca sulle nuove esigenze formative e organizzative legate alle sfide che i cambiamenti del mondo di oggi portano con sé. Sulla base di queste ricerche mira a sviluppare applicazioni di vario tipo e in vari campi, dall'uso dei media e delle nuove tecnologie alla gestione aziendale, all'istruzione, alla formazione degli adulti, alla sanità.

www.ingramcontent.com/pod-product-compliance
Lightning Source LLC
Chambersburg PA
CBHW072105280526
45788CB00006B/2414